Tempero mágico

Gisela Abrantes Carla Salmazo

Tempero mágico

Cozinha para todo dia, com muito sabor

Editora Senac Rio – Rio de Janeiro – 2022

Senac RJ

Presidente do Conselho Regional
Antonio Florencio de Queiroz Junior

Diretor Regional
Sergio Arthur Ribeiro da Silva

Diretor de Operações Compartilhadas
Pedro Paulo Vieira de Mello Teixeira

Diretor de Educação Profissional Interino
Claudio Tangari

Editora Senac Rio
Rua Pompeu Loureiro, 45/11° andar
Copacabana – Rio de Janeiro
CEP: 22061-000 – RJ
comercial.editora@rj.senac.br
editora@rj.senac.br
www.rj.senac.br/editora

Editora
Daniele Paraiso

Produção editorial
Cláudia Amorim (coordenação), Manuela Soares (prospecção), Andréa Regina Almeida, Gypsi Canetti e Michele Paiva (copidesque e revisão de textos), Julio Lapenne, Priscila Barboza, Roberta Santos e Vinícius Silva (design)

Ilustração
Vinícius Silva

Impressão: Imos Gráfica e Editora Ltda.

1ª edição: novembro de 2022

CIP-BRASIL. CATALOGAÇÃO NA PUBLICAÇÃO
SINDICATO NACIONAL DOS EDITORES DE LIVROS, RJ

A143t

Abrantes, Gisela
Tempero mágico : cozinha para todo dia, com muito sabor / Gisela Abrantes, Carla Salmazo. - 1. ed. - Rio de Janeiro : Ed. SENAC Rio, 2022.
184 p. ; 18 cm.

ISBN 978-65-86493-89-4

1. Gastronomia. 2. Culinária - Receitas. I. Salmazo, Carla. II. Título.

22-81057 CDD: 641.5
CDU: 641.5

Gabriela Faray Ferreira Lopes - Bibliotecária - CRB-7/6643

*A todas as receitas que já deram errado.
Cozinhar é arte, ousadia, amor sem
limites e afeto por muitos.*

SUMÁRIO

PREFÁCIO

E se buscando vás mercadoria
Que produze o aurífero Levante,
Canela, cravo, ardente especiaria,
Ou droga salutífera e prestante;
Ou se queres luzente pedraria,
O rubi fino, o rígido diamante,
Daqui levarás tudo tão sobejo
Com que faças o fim a teu desejo.

LUÍS DE CAMÕES
***OS LUSÍADAS*, CANTO II, 4**

Comer, partilhar a comida, é um ato ancestral, um ritual sagrado que alimenta corpo e alma e envolve todos os sentidos, e consequentemente todos os humores.

Escrever um livro de receitas é transformar emoções e memórias. Por meio dos saberes de seus ancestrais e das ligações com a natureza e o sagrado, o autor tem o poder de ressignificar uma receita, uma comida e o prazer proporcionado por elas. Navegar é preciso, amar é preciso e cozinhar é preciso!

Com suas mãos mágicas e afeto peculiar, Gisela e Carla nos presenteiam com um livro que nos faz mergulhar em nós mesmos. Elas criam uma aquarela de culturas alimentares que variam de acordo com nossas sensações – boas e más – e as transformam em receitas. Como em um passo de mágica, essa panóplia de sabores, cores e cheiros acalma nosso espírito e nos dá prazer.

As autoras externam todo o seu amor pela cozinha e pelas pessoas que, carinhosamente, estão perto delas, levando comensais ao delírio gustativo e ao deleite do olhar. Para isso, viajam pelos sabores sempre com o tempero mágico, que aquece nossos corações.

Vamos nos deixar levar pelo tempero mágico como se ele fosse o tapete de Aladim, que sobrevoa hortas e pomares encantados. Que fogões e tachos aqueçam nossos corações e emanem cheiros capazes de perfumar a nossa alma!

Ana Roldão
Historiadora

AGRADECIMENTOS

A todos os meus queridos amigos, que vivem a cozinha com paixão e/ou consideram parte importante de uma vida feliz o gosto por comer.

Um beijo especial para meus filhos, Tito e João; minha mãe, Lulu; minha irmã, Lili; e meu sobrinho, Bruno. Minhas eternas cobaias.

Gisela Abrantes

À Gi o convite maravilhoso para transformar nossos humores e estados de espírito em receitas divertidas e reais.

Com manteiga, sim! Mas também com brócolis e abobrinha!

Beijos com doses extras de amor para minha *mammy*, meu *papito* e meu irmão, Du.

Carla Salmazo

TABELA DE MEDIDAS PARA FACILITAR SUA VIDA

	Xícara de chá	Colher de sopa	g ou mL
Açúcar branco	1	10 (rasas)	200
Açúcar demerara	1	-	200
Açúcar mascavo	1	-	150
Mel	1	-	300
Manteiga	1	-	200
Leite ou creme de leite ou suco	1	-	240
Amêndoa inteira	1	-	130
Amendoim cru, sem casca	1	-	145
Aveia em flocos	1	-	80
Castanha-de-caju inteira	1	-	150
Castanha-do-pará inteira	1	-	150
Nozes	1	-	120
Polvilho	1	-	100
Semente de girassol	-	2	25
Chocolate em pó ou cacau	-	5	30
Arroz cru	1	-	190
Feijão-preto cru	1	-	190
Feijão-vermelho cru	1	-	160
1 cebola média	-	-	120
1 ovo médio	-	-	50

Neste livro: g = grama | mL = mililitro | L = litro

Dia da organização

Sabemos que este dia parece um pesadelo! Mas depois de se organizar será tão mais fácil que valerá a pena! Sem falar da economia. Também sabemos que você fica triste por jogar um monte de coisa fora...

Então, mãos à obra!

UTENSÍLIOS E EQUIPAMENTOS PARA FACILITAR SEU DIA A DIA

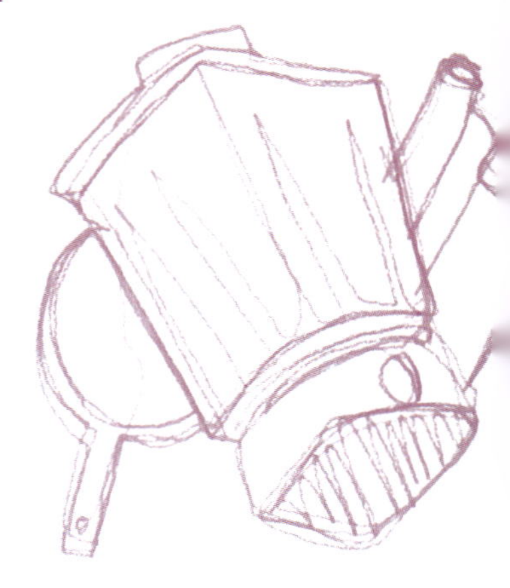

Invista em panelas, frigideiras e assadeiras de boa qualidade, que não deixam a comida grudar e podem ser lavadas bem mais rápido. Vale a pena também comprar uma panela bem pequena para produções reduzidas.

Um liquidificador pequeno apenas para sucos é mais fácil de lavar e ideal para bater pequenas porções de alimentos. Você pode aproveitar as frutas congeladas e ter sempre um suquinho.

Comprar algumas máquinas, como processador, air fryer e omeleteira elétrica, otimiza seu tempo.

Ter uma máquina de lavar louça: algumas pessoas acham que não vale a pena, mas quem tem cozinha pequena pode usá-la como extensão de pia e escorredor. Além disso, quando nos acostumamos, não vivemos sem ela. A louça sai esterilizada, como se tivéssemos usado uma varinha de condão.

Compre uma balança, uma xícara medidora e um medidor de líquidos; você sempre vai precisar deles na cozinha.

Nas receitas deste livro, o papel-alumínio é muito usado para agilizar as preparações, reduzir o ressecamento dos ingredientes e evitar o excesso de sujeira nos recipientes. Você pode substituí-lo por papel-manteiga de boa qualidade, que não fure durante o cozimento.

O papel antiaderente para cozinhar produz o mesmo efeito do papel--manteiga. Vale a pena comprar um tapete de silicone que possa ser utilizado no forno, para substituir o papel-manteiga e evitar que o preparo grude.

PLANEJANDO, ORGANIZANDO E CONSERVANDO OS INGREDIENTES

Inclua sempre em seu cardápio preparações que ficam ótimas congeladas, assim você cozinha bem menos. Programar o menu da semana agiliza muito as atividades na cozinha.

Por exemplo, se você retira algo do freezer para preparar ou apenas esquentar antes de sair para o trabalho, a refeição deixa de ser o problema do dia e passa a ser algo resolvido.

Ao fazer conservas, aplique todos os cuidados de higiene para não haver contaminação nos vidros. Caso não consiga esterilizá-los, reserve-as desde o início na geladeira, por até 7 dias.

HIGIENIZANDO FRUTAS, LEGUMES E VERDURAS UMA VEZ POR SEMANA

Lave frutas, verduras ou legumes com água corrente e o auxílio de uma esponja para remover toda a sujeira.

Em um recipiente, misture 1 litro de água e 1 colher de sopa de água sanitária ou utilize hipoclorito de sódio, conforme as recomendações da embalagem. Coloque frutas, legumes ou verduras na solução por 15 minutos. Em seguida, retire-os, lave-os em água corrente e deixe-os secar naturalmente sobre um pano limpo, seque com papel-toalha ou use uma secadora de verduras.

Os alimentos que não forem consumidos na hora podem ser armazenados em potes com tampa, envoltos em papel-toalha e mantidos na geladeira por até 5 dias.

CONGELANDO

O congelamento traz muitos benefícios, como otimização do tempo, qualidade, variedade e economia, ou seja, espaço, tempo e dinheiro.

É importante dizer que todas as informações aqui apresentadas consideram que a temperatura de seu freezer está dentro da faixa ideal, –18 °C a –24 °C.

Para congelar os ingredientes, você pode usar forminhas de gelo, refratários, vidros, potes plásticos, sacos plásticos de tamanhos diferentes para ter sempre o correto e embalagens de alumínio. Não utilize embalagens de alumínio no congelamento de produtos com molho de tomate para que não haja oxidação do molho.

Quanto menos ar nas embalagens, mais o produto estará protegido e terá maior durabilidade. Se você retirar o ar com uma seladora a vácuo, melhor ainda.

Todas as embalagens devem conter etiqueta com datas de congelamento e validade (se você souber), preenchida antes de colada para não furar o saco. Na falta dela, você pode usar fita-crepe, canetas permanentes específicas para plástico, entre outros recursos.

Não congele seus produtos por mais de três meses. Se você não os usar nesse período, provavelmente não vai mais consumir.

Outra dica importante: os temperos (sal e condimentos) são acentuados no congelamento. Então, use menos e deixe para acertar a quantidade quando for comer.

O congelamento não melhora a qualidade do produto. Por isso, é muito importante congelar apenas o que está em perfeito estado de consumo.

Sobre o tamanho das porções: congele apenas a quantidade que você precisará descongelar.

"Posso congelar novamente?" Isso só é possível após o ingrediente passar por cozimento.

Descongele sempre na geladeira.

Não descongele alimentos em embalagens plásticas no micro-ondas, pois isso não é bom para a saúde e deteriora a embalagem.

INGREDIENTES PARA TEMPERAR E DAR SABOR

Sal

Sal refinado: é retirado da água do mar e depois refinado, com isso perde minerais. Após o refinamento, o iodo é acrescentado. É o tipo de sal que tem menos nutrientes.

Sal marinho: é retirado da água do mar, mas não passa pelos mesmos processos do refinado, o que faz com que tenha maior quantidade de minerais.

Flor de sal: são cristais retirados à mão das superfícies das salinas. A cidade francesa Guérande foi uma das primeiras a produzir essa especialidade. A flor de sal é maravilhosa para finalizar pratos, bifes, e contém dezenas de minerais e vitamina D em sua composição.

Sal do Himalaia: esse sal rosa se destaca pelos nutrientes, como ferro, cálcio, magnésio e cobre.

Mais importante que o tipo de sal é a quantidade consumida! Devemos usar o mínimo possível porque todos são ricos em sódio, o qual está associado a problemas de saúde.

Sempre usamos sal grosso rosa para cozinhar e flor de sal para finalizar o prato pronto.

Os sais de algas e de gergelim agregam nutrientes, sabor e reduzem ainda a quantidade de sal utilizada nas preparações. Inclua-os no seu dia a dia.

Sal de algas

Lista de compras

- 3 colheres (sopa) de sal rosa
- 1 folha de alga nori

Como fazer

1. Bata tudo no liquidificador e reserve em pote fechado para usar nos preparos. Esse sal combina com frango, peixe e arroz. Se sua nori estiver murcha, antes de fazer o sal, coloque-a no forno a 160 °C por 10 minutos.

Sal de gergelim

Lista de compras

- 10 colheres (sopa) de gergelim
- 1 colher (sopa) de sal rosa

Como fazer

1. Doure o gergelim em uma frigideira sem gordura, mexendo sempre.
2. Bata o sal e o gergelim rapidamente no liquidificador. Reserve em pote fechado para usar nas preparações. O sal de gergelim combina com frango, peixe, sopas, arroz e legumes, como berinjela.

Ervas

Ervas como salsa, coentro, hortelã, manjericão devem ser congeladas cruas, higienizadas e secas, e acondicionadas em sacos bem fechados. Dessa maneira, elas podem ser levadas diretamente ao fogo, ser parte de um cozimento ou usadas em sucos e molhos frios.

Elas também podem ser congeladas com uma gordura, como manteiga, azeite ou óleo de coco, ou ainda com água.

Quando fatiada em rodelas, a cebolinha fresca produz uma gosma. Então, prefira congelá-la inteira, depois de higienizá-la e secá-la. Independentemente do preparo em que será utilizada, por exemplo yakisoba, sopa ou qualquer outro prato deste livro, corte a cebolinha ao retirá-la do freezer.

O alecrim e o louro são ingredientes que dão sabor, duram muito e ficam ótimos secos ou desidratados. No caso do alecrim, use em menor quantidade, pois ele é bem forte.

Tempero mágico – Massala

Ter massala seca sempre ao lado do fogão, em um pote com tampa, significa dar mais sabor e saúde a todas as suas preparações. Você pode ter apenas um tipo de massala para temperar tudo ou criar várias.

Se você fizer apenas de um tipo, use como a seguir:

Vegetais – Apenas uma pitada.

Carnes brancas – Um pouco mais.

Carnes vermelhas, farofas, arrozes e leguminosas, como feijão, grão-de-bico, lentilha e ervilha – Pode caprichar na quantidade.

A massala é tão incrível que vamos chamá-la de tempero mágico.

As especiarias auxiliam na digestão dos alimentos, têm efeitos antioxidantes e anti-inflamatórios e dão ainda um sabor especial à sua comida.

Tempero mágico

Lista de compras

- 2 colheres (sopa) de gengibre em pó
- 2 colheres (sopa) de semente de mostarda
- 2 colheres (chá) de canela em pó
- 2 colheres (chá) de semente de cominho
- 2 colheres (chá) de semente de coentro
- 2 colheres (chá) de baga de cardamomo
- 3 colheres (sopa) de pimenta-do-reino
- 4 colheres (sopa) de cúrcuma em pó
- 2 colheres (chá) de feno-grego (opcional)

Como fazer

1. Em uma frigideira, aqueça todas as sementes até liberarem os aromas. Desligue o fogo e espere esfriar.
2. Moa ou bata tudo no liquidificador, ou coloque todos os ingredientes dentro de um envelope de papel-alumínio e aqueça cada lado em uma frigideira por 30 segundos. Em seguida, retire do envelope e bata no liquidificador.
3. Guarde em potes de vidro fechados por até 8 meses. Deixe sempre um pote de vidro pequeno com tampa perto do fogão para facilitar o uso.

Você pode personalizar seu tempero mágico alterando quantidades, excluindo ou adicionando especiarias conforme sua preferência.

O cardamomo pode ser batido com casca, que tem óleos essenciais.

A cúrcuma tem ação anti-inflamatória, antioxidante e imunomoduladora. Sua ação é potencializada quando consumida com pimenta-do-reino.

Massala para preparações doces

Lista de compras

- 2 colheres (café) rasas de noz-moscada
- 4 colheres (sopa) de gengibre em pó
- 4 colheres (sopa) de canela em pó
- 4 colheres (chá) de baga de cardamomo
- 1 colher (café) rasa de cravo em pó

Utilize a massala em bebidas, como sucos, chás e leites, ou em doces e sorvetes.

Como fazer

1. Em uma frigideira, aqueça todas as sementes até liberarem os aromas. Desligue o fogo e espere esfriar.
2. Moa ou bata no liquidificador. Guarde em potes de vidro fechados por até 8 meses.

A canela é rica em polifenóis, que auxiliam no controle da glicose, e é termogênica!

Alho

Você pode manter as cabeças de alho em temperatura ambiente. Elas duram, pelo menos, 15 dias.

Se preferir, guarde-o em conserva. Nesse caso, cozinhe-o antes para evitar doenças como botulismo.

O alho é um potente anti-inflamatório e pode favorecer o sistema imune. Aproveite esse benefício!

Tempero pronto de alho

Lista de compras

- 2 cabeças de alho
- Azeite para cobrir
- 1 colher (café) de tempero mágico

Como fazer

1. Em uma panela com água fervente, ferva o alho com a casca por 15 minutos.
2. Em seguida, escorra a água e descasque-o com uma faca de legumes. A casca sai bem mais fácil quando o alho está cozido.
3. Você pode conservar o alho inteiro ou amassado. Coloque-o em um pote de vidro, acrescente o tempero mágico e o azeite. Eles duram 7 dias na geladeira ou 2 meses no freezer.

Gengibre, pimentão e dedo-de-moça

O gengibre pode ser congelado em pedaços, com ou sem casca. Você pode retirá-lo do freezer e pôr direto na panela.

O pimentão pode ser congelado em pedaços, com casca. Também pode ser retirado do freezer e ir direto para a panela.

A pimenta dedo-de-moça pode ser congelada crua, fechada ou cortada ao meio, com ou sem sementes. Se preferir, ela pode ser congelada bem picadinha ou em pasta. Retire do freezer e use diretamente na panela.

Para congelar esses itens, use sacos com fecho para retirar apenas a quantidade necessária.

Refogado que dura

Refogado de alho-poró

Lista de compras

- 1 alho-poró
- 200 mL de azeite
- 1 colher (café) de tempero mágico

Como fazer

1. Higienize o alho-poró em água corrente, pois sempre há terra dentro dele.
2. Corte ao meio e refogue com azeite em uma frigideira.
3. Coloque tudo em um pote de vidro e acrescente o tempero mágico e o azeite. O refogado dura 7 dias na geladeira ou 2 meses no freezer.

Ter um refogado na geladeira ou no freezer evita a perda de tempo e o esforço de prepará-lo a cada prato.

Caldo de legumes e ingredientes

Para congelar estes itens, use sacos com fecho para retirar apenas a quantidade necessária.

Alho-poró

O alho-poró congela superbem, puro, fatiado ou não, e pode ser usado normalmente em suas preparações. Ele pode ir direto do freezer para um refogado, uma torta ou um caldo. Congelado, é similar ao fresco, use como se assim fosse.

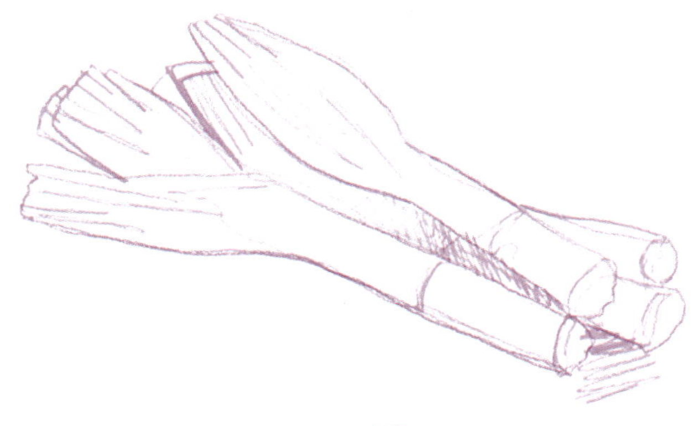

CALDO RÁPIDO DE LEGUMES

Lista de compras

- 600 mL de água
- 1 cebola grande, cortada em 4 (use a que você congelou)
- 3 colheres (sopa) de alho-poró em pedaços grosseiros ou rodelas (use o que você congelou)
- 1 pedaço de aipo de 3 cm (use o que você congelou)
- 1 galho de salsa (opcional; use a que você congelou)

Como fazer

1. Em uma panela, coloque a água com os legumes e deixe fervilhar por 30 minutos. Você vai sentir o aroma de horta quando estiver pronto.
2. Coe e utilize ou congele por até 3 meses.

Cebola

As cebolas pequenas podem ser congeladas inteiras, sem casca.

Para branqueá-las, coloque por 3 minutos em água fervente e depois em água e gelo. Escorra, seque e, antes de acondicionar em embalagem, congele em um tabuleiro aberto. Em seguida, guarde em sacos para congelar.

As cebolas maiores podem ser congeladas já descascadas e cortadas em pedaços para serem utilizadas em cozidos com líquidos e sopas. Quando refogadas, elas produzem muita água, por isso opte pelo alho-poró nos refogados.

Em temperatura ambiente, as cebolas duram até 2 semanas.

Coloque-as por 15 minutos no freezer, antes de picá-las. Assim, você vai chorar bem menos.

Aipo

O aipo pode ser congelado; ele mantém o sabor, mas escurece um pouco no freezer. Para quem deseja usá-lo em caldos, sopas ou outras preparações quentes, isso não faz diferença. Congele-o cortado em pedaços para facilitar o uso. Ele dura bastante na geladeira e fica ótimo fatiado em saladas.

Cenoura

Para branqueá-la, coloque-a por 3 minutos na água fervente e, em seguida, em água e gelo. Escorra, seque e antes de embalá-la, congele em tabuleiro aberto. Depois, retire e guarde em sacos para congelar.

Ela também pode ser congelada em formato de purê ou sopa.

Para recuperar a cenoura murcha, coloque-a em um pote coberta com água e reserve na geladeira, de um dia para o outro. Ela volta a ficar bem firme.

Conservação de outros ingredientes

Couve

A couve-portuguesa congela muito bem crua, inteira, sem 3 cm do talo (apenas a parte mais dura dele). Ela pode ser retirada do freezer e levada diretamente ao fogo em um preparo com líquido, como cozido ou sopa, salteada ou utilizada crua em sucos.

Para saltear, aqueça um pouco de azeite em uma frigideira com um dente de alho amassado e um pouco de tempero mágico. Retire a couve congelada do freezer, quebre-a ainda dentro do saco e jogue-a diretamente na frigideira quente. Acrescente sal, mexa por 2 minutos e estará pronta.

Couve-de-bruxelas

Para branqueá-la, coloque-a por 3 minutos em água fervente e, em seguida, em água e gelo. Escorra, seque e, antes de acondicionar em embalagem, congele em um tabuleiro aberto. Depois, retire e guarde em sacos para congelar. Retire-a do freezer e use diretamente em sopa ou cozido.

Espinafre

Para branqueá-lo, coloque-o por 2 minutos em água fervente e, em seguida, em água e gelo. Escorra, seque e, antes de acondicionar em embalagem, congele em um tabuleiro aberto. Depois, retire e guarde em sacos para congelar.

O espinafre deve ser retirado do freezer e ser levado diretamente ao fogo, em um preparo com líquido, como cozido ou sopa.

Ele pode ainda ser salteado como a couve ou utilizado em recheios de pastéis assados e tortas; nesse último caso, já descongelado e espremido para eliminar a água.

Brócolis

Para branqueá-los, coloque-os por 4 minutos em água fervente e, em seguida, em água e gelo. Escorra, seque e, antes de acondicionar em embalagem, congele em um tabuleiro aberto. Depois, retire e guarde em sacos para congelar. Retire do freezer e use diretamente em sopa ou cozimento com líquido.

Os brócolis podem também ser lavados e levados ao micro-ondas, sem água, por 4 minutos para, em seguida, ser congelados ou consumidos. Basta aquecer um pouco de azeite em uma frigideira com alho amassado e um pouco de tempero mágico. Acrescente sal, mexa por 1 minuto e estará pronto.

Couve-flor

Para branqueá-la, coloque os buquês por 3 minutos em água fervente com um pouco de vinagre para mantê-los branquinhos e, depois, em água e gelo. Escorra, seque e, antes de acondicionar em embalagem, congele em um tabuleiro aberto. Em seguida, retire e guarde em sacos para congelar.

Retire do freezer e use diretamente em sopa ou cozimento com líquido.

A couve-flor também pode ser congelada em formato de purê ou como ingrediente de sopas.

Aspargos

Para branqueá-los, coloque-os, já higienizados, por 3 minutos em água fervente e, depois, em água e gelo. Escorra, seque e, antes de acondicionar em embalagem, congele em tabuleiro aberto. Em seguida, retire e guarde em sacos para congelar. Você pode retirá-los do freezer e usá-los diretamente em sopas ou cozimentos com líquido.

Batata-inglesa

O congelamento altera muito a textura das batatas. Se você quiser congelar purê, não esqueça de acrescentar manteiga à batata ainda quente e amassar. Ao descongelar, adicione leite ou creme de leite quente. O resultado não fica idêntico ao purê feito na hora, mas funciona.

Para as batatas fritas ficarem crocantes, mantenha as batatas fora da geladeira. Elas não devem ser colocadas na geladeira porque o frio transforma o amido em açúcar, o que muda o sabor, a cor e a textura (elas ficam moles e mais escuras ao serem fritas). As batatas asterix são melhores para fritar.

Se quiser que sua batata frita dure uma semana, proceda da seguinte maneira: fatie as batatas em rodelas finas com um cortador, ferva água em uma panela e aqueça óleo ou azeite em uma frigideira. Coloque as fatias de batata por 15 segundos na água quente, retire-as com uma escumadeira e deixe escorrer em cima de um pano. Seque e coloque uma a uma no óleo aquecido. Frite, retire e escorra bem em papel-toalha. Após esfriarem, guarde em potes fechados, forrados com papel-toalha.

Batata-baroa ou mandioquinha

Ela deve ser descascada, cortada em cubos e congelada. Retire do freezer e use diretamente em sopas ou cozimentos com líquido.

Batata-doce

A batata-doce deve ser descascada, cortada em palitos e congelada crua ou branqueada. Faça o branqueamento por 3 minutos, escorra, seque e, antes de acondicionar em embalagem, congele em tabuleiro aberto. Depois, retire e guarde em sacos para congelar. Retire do freezer e use diretamente em sopas ou cozimentos com líquido.

Aipim

O aipim fica excelente congelado, cru e descascado. Ele pode ser congelado puro ou em um saco com água. Ao descongelá-lo, coloque o aipim direto na água quente, mesmo se ele estiver igual a um cubo de gelo.

Você também pode congelá-lo já ralado. Nesse caso, deixe descongelar na geladeira e utilize-o em bolos, por exemplo.

Se você cozinhar o aipim fresco (não congelado) e ele não ficar macio, basta acrescentar em duas etapas, durante o cozimento, 2 copos de água bem gelada ou gelo. Isso auxilia no cozimento e contribui para que o aipim fique sempre macio, independentemente de sua qualidade.

Beterraba

Para branqueá-la, coloque-a por 5 minutos em água fervente e, depois, em água e gelo. Escorra, seque e, antes de acondicionar em embalagem, congele em tabuleiro aberto. Em seguida, retire e guarde em sacos para congelar. Retire do freezer e use diretamente em sopas ou cozimentos com líquido.

Abóbora

Deve ser descascada, cortada em cubos, sem sementes e congelada. Dessa maneira, pode ser levada diretamente à panela ao sair do freezer.

A abóbora também pode ser congelada já assada, em formato de purê ou sopa.

Não jogue as sementes de abóbora fora! Elas são ricas em fibras e antioxidantes, além de serem um vermífugo natural. Você pode consumi-las tostadas, como snack, em saladas, sopas, iogurtes, pães e bolos; use sua criatividade! Retire as sementes, lave, seque e leve ao forno a 160 °C, até secarem.

Abobrinha

Quando congelada, a textura da abobrinha é alterada. Mesmo assim, se você decidir congelá-la, retire antes o meio e as sementes e descarte-os.

Congele em cubos e utilize em sucos ou sopas. A compota é uma maneira de conservá-la.

COMPOTA DE ABOBRINHA

Lista de compras

- 500 g de abobrinha limpa (sem casca e sem sementes)
- 350 g de açúcar
- ½ colher (sopa) de canela em pó
- Casca de ½ limão-siciliano pequeno

Como fazer

1. Descasque e retire as sementes e o interior esponjoso da abobrinha. Rale e pese.

2. Em uma panela, coloque o açúcar, a abobrinha ralada, a canela em pó e a casca de limão. Misture bem e leve ao fogo baixo. Mexa de vez em quando, até obter o ponto desejado.

Pepino

O pepino tem a textura alterada quando congelado. Mesmo assim, se resolver congelá-lo, retire antes o meio e as sementes e descarte-os. Congele em cubos e utilize para fazer sucos ou sopas. Fazer conservas é um modo de aumentar o tempo de vida do produto.

CONSERVA ORIENTAL DE PEPINO, RABANETE OU GENGIBRE

Lista de compras

- 1 pepino japonês ou 6 rabanetes fatiados em rodelas bem finas ou 1 gengibre
- 2,5 g de sal
- 115 mL de vinagre de arroz
- 75 g de açúcar branco ou demerara
- 1 pedaço de 3 cm de alga kombu

Como fazer

1. Fatie o pepino e coloque sobre uma peneira salpicado com sal por 30 minutos.
2. Em seguida, lave, seque e reserve.
3. Misture os outros ingredientes e leve ao fogo para ferver rapidamente.
4. Acrescente o líquido fervido ao pepino.

Guarde na geladeira, em pote fechado. O pepino é muito delicado e sua textura fica mais agradável se guardado por até 3 dias. Sirva gelado para acompanhar peixes ou como entrada.

Ervilhas

As ervilhas compradas já congeladas são muito mais macias que as frescas. Ao serem colhidas, como reação seus açúcares se transformam rapidamente em amido. Por isso, grandes empresas as congelam imediatamente em nitrogênio líquido para que não tenham tempo de reagir.

Para que fiquem mais saborosas e sem cheiro desagradável, cozinhe as ervilhas congeladas em água quente com um pedaço de 5 cm de aipo. Em seguida, escorra e descarte o aipo.

Arroz de grãos

Esse arroz é muito fácil e pode ser temperado de várias maneiras. Ele dura, sem tempero, 7 dias na geladeira ou 3 meses no freezer.

ARROZ 7 OU 10 GRÃOS

Lista de compras

- 200 g de arroz 7 ou 10 grãos (é vendido com esse nome; você também pode usar o 12 grãos)
- ½ colher (café) de sal grosso

Como fazer

1. Cozinhe o arroz com bastante água e o sal. Quando estiver cozido, mas ainda *al dente*, desligue o fogo.

2. Escorra o arroz, reserve na geladeira e retire apenas a quantidade que desejar. Ao utilizar, aqueça um pouco de azeite em uma frigideira com tempero mágico ou pimenta e acrescente alguma das sugestões a seguir. Inclua o arroz, misture, aqueça e desligue.

OPÇÕES DE TEMPERO

- Tomate-cereja
- Tomate fresco ou tomatinhos assados no azeite
- Ervilhas, milho, grão-de-bico, abóbora, abobrinha, cenoura ralada
- Castanha-do-pará, castanha-de-caju, amêndoas, nozes
- Ervas frescas, como manjericão, cebolinha, salsa, hortelã
- Alho, cebola, alho-poró, couve
- Pimenta-de-cheiro, pimenta dedo-de-moça
- Carne-seca, bacon, presunto
- E tudo mais que você gostar...

Frutas

Nunca deixe uma fruta estragar na geladeira. Antes disso, congele-a. Elas podem ser congeladas ao natural, em bandeja aberta, e depois acondicionadas em sacos. A fruta descascada e cortada em pedaços pode ser degustada desse jeito ou utilizada em sucos, vitaminas, geleias, sobremesas e sorvetes.

As frutas também podem ser congeladas em forma de purê ou por branqueamento. Nesse último caso, coloque a fruta em água fervente por 30 segundos, retire e, em seguida, transfira-a para uma vasilha com água e gelo, escorra e seque.

Para congelar frutas, use sacos com fecho para retirar apenas a quantidade necessária por vez.

Maçã e pera, para não escurecerem, podem ser congeladas em calda rala de açúcar: 2 xícaras de açúcar para cada 4 xícaras de água e gotas de limão. Espere a calda esfriar antes de colocá-la sobre a fruta.

Abacaxi, tangerina, caqui e frutas vermelhas congelam superbem. Abacate também pode ser congelado cru, com ou sem limão.

Coco

O coco pode ser congelado inteiro com a casca dura, inclusive, mas já sem água. Ele deve ser retirado do freezer e ser levado diretamente ao forno, a 180 °C, até a casca rachar. A pele fina ficará agarrada à casca dura e a carne do coco se desprenderá, limpa e pronta para uso. Isso só funciona se seu freezer estiver a, pelo menos, –18 °C.

Aproveite para fazer leite de coco: bata no liquidificador a carne do coco com 1 xícara de água quente. Coe e reserve o bagaço para utilizar em bolos, panquecas, granolas, farofas ou biscoitos. Você pode acrescentar mais ou menos água, dependendo da concentração do leite desejada.

O leite de coco e o bagaço também podem ser congelados. Se preferir, você também pode congelar a carne do coco em pedaços sem casca ou, ainda, ralada.

FAROFA DE COCO COM BANANA

Lista de compras

- 1 e ½ xícara de coco ralado fresco (aproveite o bagaço do leite de coco caseiro)
- 1 dente de alho
- 1 colher (sobremesa) de azeite
- Gengibre ralado a gosto
- ½ colher (chá) de tempero mágico
- ½ banana-prata madura, cortada em cubinhos
- Sal

Como fazer

1. Em uma frigideira, coloque o coco ralado por 5 minutos para deixá-lo bem sequinho e reserve.
2. Doure o alho no azeite, acrescente o gengibre ralado, o tempero mágico, a banana e o coco.
3. Acerte o sal e misture tudo por 2 minutos, com cuidado para a banana não desmanchar.

Banana

Para conservar as bananas, e se livrar dos mosquitos, basta cobrir as pontas delas com plástico-filme ou papel-alumínio.

As bananas maduras ao natural e descascadas podem ser congeladas, com ou sem limão. Utilize-as em sorvetes e vitaminas.

Biomassa de banana-verde: lave bem as bananas (de sua preferência) e coloque-as ainda bem fechadas, com casca e talo, na panela de pressão com água até a metade. Cozinhe em fogo baixo por 7 minutos, contados depois de iniciada a pressão. Espere toda a pressão sair da panela, abra e retire as bananas.

Descasque-as, corte-as em pedaços e bata no liquidificador, com água ou não, para obter um creme. Utilize para espessar pratos salgados ou doces, como estrogonofe (biomassa com água ou leite vegetal), calda de bolo (biomassa com chocolate derretido), vitaminas e shakes (biomassa com suco, leite, vegetal ou não), sorvetes (biomassa com frutas ou sucos) e sopas (biomassa com legumes, ervas e caldos).

Congele as bananas da biomassa cozidas, sem casca e, ao descongelar, bata com o líquido ou creme desejado.

Tomate

O tomate também é uma fruta e pode ser congelado. Em seguida, é possível utilizá-lo no preparo de molhos. Congelar o molho pronto é melhor ainda, pois ele ocupará menos espaço em seu freezer.

TOMATINHOS ASSADOS NO AZEITE

Lista de compras

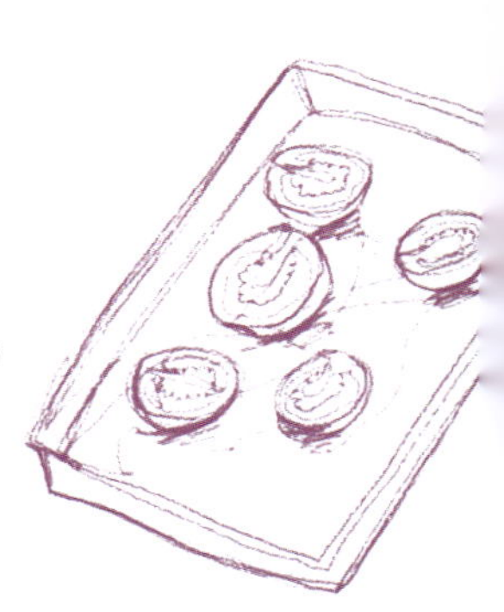

- 200 g de tomate-cereja ou grape
- 200 mL de azeite
- 2 dentes de alho
- ½ colher (café) de alecrim ou 2 galhos de manjericão
- ½ colher (café) de sal grosso
- ½ colher (café) de pimenta-do-reino

Como fazer

1. Preaqueça o forno a 150 °C.
2. Lave os tomates, seque e leve ao forno com o azeite, o alho, a erva, o sal e a pimenta por 50 minutos.
3. Em seguida, deixe esfriar e adicione algumas folhas de manjericão picadas, já lavadas e secas. Utilize com massas, arroz de grãos, crostinis e, se acrescentar suco de limão, use em saladas. Conserve na geladeira por até 8 dias ou congele por até 3 meses.

TOMATES AO SOL

Lista de compras

- 1 kg de tomate italiano maduro
- Sal e pimenta-do-reino
- Azeite

Como fazer

1. Limpe os tomates, retire as sementes, corte-os ao meio no sentido do comprimento e seque.
2. Coloque-os sobre uma grade com o lado cortado para cima e salpique com sal.
3. Leve-os ao forno a 120 °C por 3 horas, até secarem (um pouco menos que o tomate seco).
4. Guarde-os em um pote de vidro coberto com azeite, sal e pimenta. Conserve na geladeira por até 10 dias ou congele por até 3 meses.

Utilize o preparo quente ou frio, com massas, batatas, arrozes, sanduíches ou inclua limão e use em saladas.

O seu organismo absorve melhor os nutrientes do tomate quando ele é assado, cozido ou refogado com azeite.

EXTRATO DE TOMATE

Lista de compras

- 1 vidro de passata de tomate

Como fazer

1. Basta levar a passata de tomate (tomate processado) ao fogo em uma frigideira e deixar reduzir até chegar à textura de extrato de tomate, mexendo de vez em quando.
2. Guarde na geladeira coberto com azeite por até 15 dias ou congele por até 3 meses em fôrmas de gelo, para utilizar em porções menores.

COMPOTA DE TOMATE

Lista de compras

- 350 g de tomate
- 250 g de açúcar branco ou demerara
- 1 pau de canela pequeno
- Casca de ½ limão-siciliano pequeno

Sirva com torradas, queijos curados ou de cabra.

Como fazer

1. Com uma faca de legumes, faça um X na parte inferior dos tomates e coloque-os em uma panela com água fervente.
2. Em seguida, retire-os e jogue-os em uma vasilha com água e gelo.
3. Seque os tomates, corte em quatro, retire as sementes e deixe-os escorrer em uma peneira.
4. Aperte-os um pouco para liberarem mais água.
5. Pese para obter 250 g de tomate. Misture todos os ingredientes em uma panela, inclusive o tomate, e leve ao fogo baixo. Mexa de vez em quando, até alcançar o ponto desejado.

Oleaginosas (nozes, castanha-do-pará, castanha-de--caju, amêndoas etc.)

Congele as oleaginosas após a compra e, depois, leve ao forno por 15 a 20 minutos, a 180 °C. Deixe esfriar e guarde em pote com tampa. No verão, mantenha o pote na geladeira.

O consumo de oleaginosas reduz o risco de doenças cardiovasculares. Mas não exagere! Consuma cerca de 30 g/dia.

Leite

O leite pode ser congelado, depois descongelado em geladeira e, em seguida, fervido. Você também pode transformá-lo em iogurte ou coalhada.

COALHADA

Lista de compras

- Iogurte pronto

Como fazer

1. Coloque um voal sobre uma peneira bem fina e deixe o iogurte escorrer em um pote dentro da geladeira por 1 ou 2 dias. Dessa maneira, a coalhada já está pronta para uso. Se você preferir deixar escorrer por mais tempo, ela ficará mais concentrada. A coalhada pode ser usada em preparos salgados ou doces.

MOLHO DE IOGURTE PARA SALADA DE FOLHAS

Lista de compras

SUGESTÃO 1

- 150 mL de iogurte
- 1 colher (sopa) de azeite
- 1 colher (café) de tempero mágico
- Sal

SUGESTÃO 2

- 150 mL de iogurte
- 1 dente de alho amassado (pode ser cozido)
- 10 folhinhas de hortelã picadas
- Sal e pimenta-do-reino

Como fazer

1. Misture todos os ingredientes até que fiquem homogêneos. Use o molho em saladas de folhas, na hora de servir.

Ovos

As claras podem ser congeladas e descongeladas na geladeira. E, ainda assim, podem ser batidas em castelo e utilizadas em pudins ou bolos.

Para congelar o ovo inteiro cru, retire a casca, misture a clara e a gema e junte sal ou açúcar. O descongelamento deve ser feito também na geladeira.

A gema, da mesma maneira, tem de ser misturada com sal ou açúcar antes do congelamento.

Lanches: pão, queijo, presunto

Esses itens congelados salvam seus lanches inesperados. Quem tem filhos sabe do que estou falando!

Os pães também podem ser congelados. Quanto ao pão de fôrma, é importante manter as fatias separadas caso você deseje retirar uma por vez. Eles podem ser descongelados sob refrigeração ou no forno.

Congele em rolinhos o presunto, o queijo prato, a muçarela ou outro queijo fatiado. Depois basta cortá-los em rodelas; eles descongelam rapidamente. Você pode usá-los em sanduíches quentes, omeletes, tortilhas, suflês ou tortas.

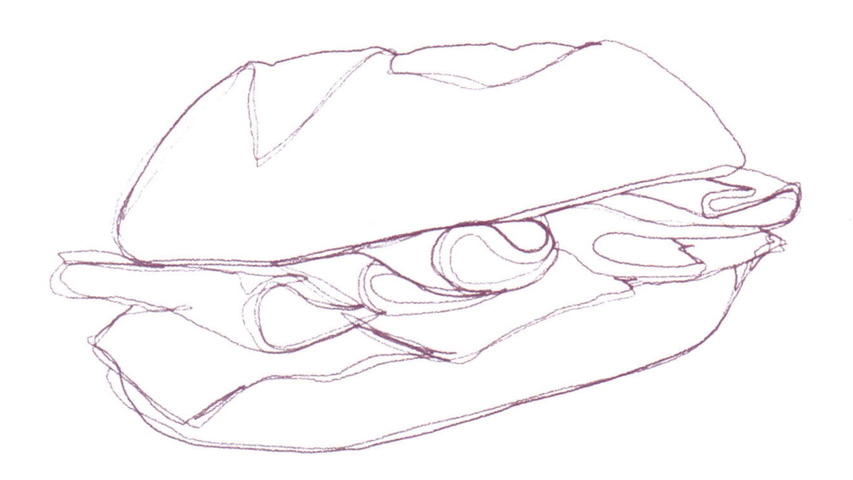

Presunto de parma crocante

Para fazer o presunto durar sem congelá-lo, forre um prato com papel-toalha, disponha as fatias de presunto e cubra com outra folha de papel-toalha (não sobreponha as fatias). Coloque o prato por 1 minuto no micro-ondas: se, ao retirar, as fatias ainda não estiverem bem sequinhas, deixe por mais 15 segundos. Espere esfriar e quebre em pedacinhos. Guarde em potes fechados com um papel-toalha no fundo e utilize sobre sopas, saladas, omeletes, massas e sanduíches.

Carnes

É muito importante retirar as carnes do isopor e congelá-las em outra embalagem, pois o isopor não possibilita o congelamento por igual.

Sempre congele pedaços de, no máximo, 2 kg.

Para congelar bifes, separe-os com plástico-filme para facilitar o descongelamento.

Para congelar carne moída, embale em cada saco, no máximo, 250 g de carne achatada em vez de fazer uma bola. Assim, o congelamento e o descongelamento serão mais rápidos.

Nunca salgue ou tempere a carne crua antes de congelar, exceto a almôndega e o hambúrguer.

A carne de porco deve ser congelada por, no mínimo, 30 dias, a –15 °C, para evitar a cisticercose.

Salgadinhos, hambúrgueres, bifes à milanesa ou almôndegas

O congelamento deve ser em aberto até endurecerem. Depois eles podem ser acondicionados em embalagens ou sacos.

Peixes e mariscos

Um quilo de camarão ou de filé de peixe demora, no máximo, 2 horas para descongelar em temperatura ambiente. Descongele peixes ou mariscos sempre em uma vasilha, cobertos com água e 2 colheres de sopa de sal grosso. Em seguida, escorra, seque e faça o seu preparo. Dessa maneira, eles sempre ficarão com mais frescor!

Se você comprar marisco ou peixe fresco pela manhã e não puder prepará-los imediatamente, reserve-os na geladeira em uma vasilha com água, gelo e 1 colher de sopa de sal grosso. Em seguida, escorra, seque e faça o seu preparo.

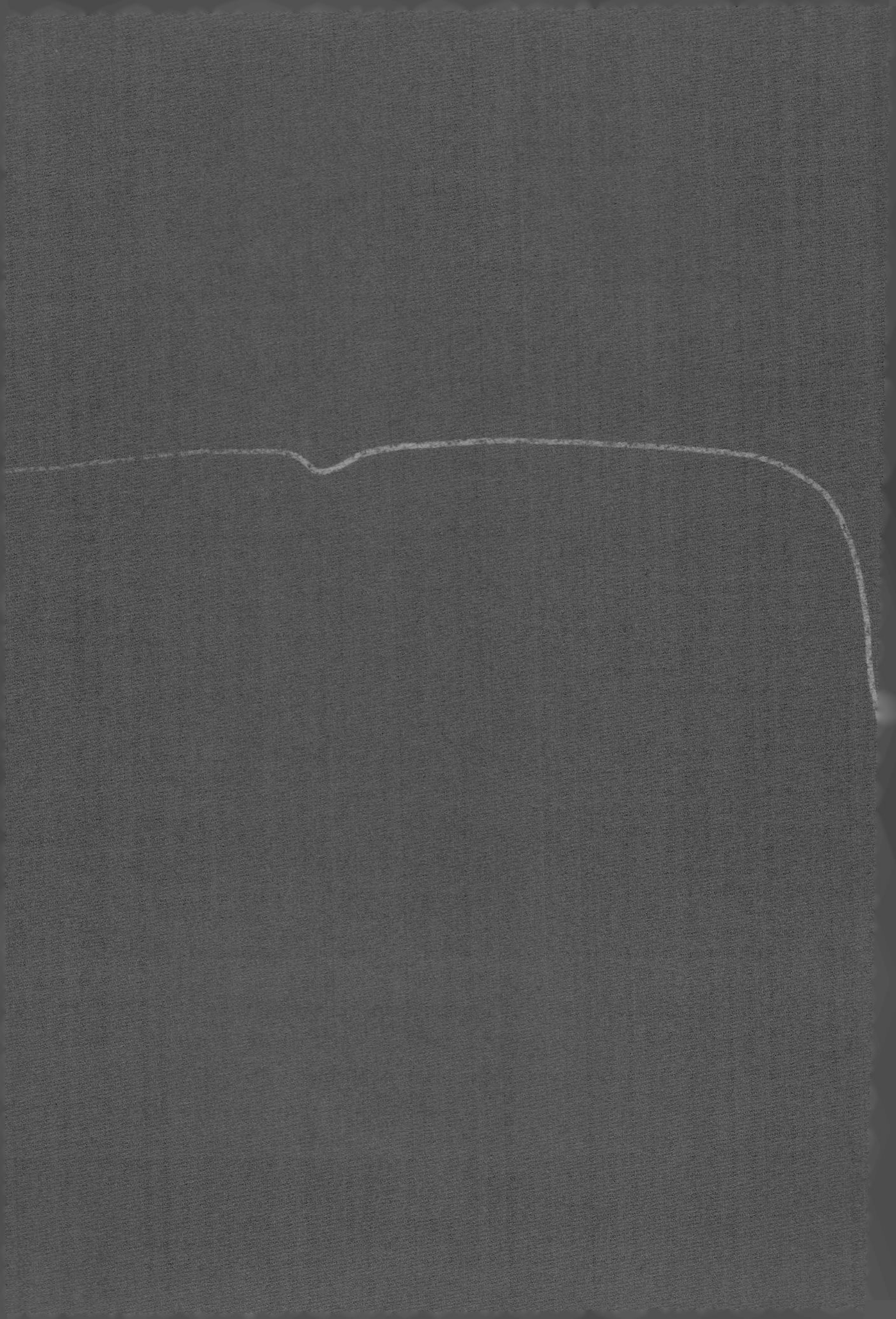

Dia da preguiça

Estamos vendo você no sofá, sem vontade de cozinhar. Calma! Dê uma olhada nas receitas. Temos certeza de que você vai gostar de uma delas e salivar.

Então, levante-se daí e arrebente!

PEIXE DE FORNO COM ALHO-PORÓ E ESPINAFRE (ACREDITE, É BEM RÁPIDO)

Lista de compras

- 4 filés de viola, cherne, linguado, namorado, badejo...
- Flor de sal
- Tempero mágico
- 4 colheres (sopa) de alho-poró cortado em rodelas (use o que você congelou)
- 4 galhinhos de coentro cortados grosseiramente (talo e folhas)
- 2 galhinhos de cebolinha cortada em rodelas (use a que você congelou)
- ¼ de molho de espinafre cru (utilize apenas as folhas)
- Pimenta-do-reino
- 4 colheres (sopa) de azeite
- 2 colheres (sopa) de suco de limão

Como fazer

1. Preaqueça o forno a 180 °C.
2. Seque bem os filés com papel-toalha e tempere-os com flor de sal e uma pitada de tempero mágico.
3. Corte quatro retângulos de papel-alumínio, um para cada filé de peixe, e coloque-os com a parte brilhante para cima em um tabuleiro. Disponha metade dos ingredientes sobre cada retângulo – alho-poró, peixe, coentro, cebolinha e espinafre (tempere o espinafre com sal e pimenta).
4. Coloque 1 colher de azeite sobre cada filé e feche bem o papel-alumínio, inclusive nas laterais.
5. Leve ao forno de 15 a 20 minutos, dependendo da espessura do peixe.
6. Sirva com o papel-alumínio ainda fechado e deguste com o suco de limão.

SUFLÊ RÁPIDO DE SALMÃO DEFUMADO E ABOBRINHA

Lista de compras

- 2 colheres (sopa) de cebolinha (use a que você congelou) ou dill picados
- 1 colher (sopa) de salsa
- 1 abobrinha
- 100 g de salmão defumado
- 3 ovos
- 80 g de parmesão ou outro queijo curado, ralado grosseiramente
- 300 mL de creme de leite fresco
- Sal e pimenta-do-reino

Como fazer

1. Higienize as ervas e corte-as grosseiramente com uma tesoura ou pique-as.

2. Higienize a abobrinha, corte-a ao meio no sentido do comprimento, descarte o centro com as sementes e corte-a em pedaços pequenos com a casca.

3. Corte o salmão em tirinhas ou quadradinhos e preaqueça o forno a 180 °C.

4. Misture os ovos com o salmão picado, a abobrinha, o queijo, o creme de leite e as ervas. Tempere com sal e pimenta.

5. Leve ao forno em um pirex por 15 minutos ou até dourar.

MASSA OU BATATA COM TOMATINHOS ASSADOS NO AZEITE, PESTO OU AZEITE DE TAPENADE

Confira as receitas de tomatinhos assados no azeite no capítulo "Dia da organização", pesto e azeite de tapenade no capítulo "Dia do churrasco".

Massa (espaguete, fusilli e penne)

Lista de compras

- 1 L de água
- Sal grosso
- 250 g de massa

Como fazer

1. Em uma panela grande, ferva 1 litro de água para cada 250 g de massa, assim você não precisa adicionar nenhuma gordura à água.
2. Coloque o sal grosso – apenas depois que a água ferver, assim ela ferve mais rápido – e a massa.
3. No início, mexa com um garfo para evitar que ela grude. Cozinhe até que a massa esteja *al dente*; verifique o tempo na embalagem e vá testando o cozimento.
4. Aqueça o molho escolhido em uma frigideira (tomatinhos assados no azeite ou azeite de tapenade; se você escolher o pesto, acrescente-o com o fogo já desligado).
5. Quando a massa estiver cozida, escorra e coloque na frigideira do molho quente. Mexa e mantenha por 2 minutos no fogo para acentuar o sabor.

Batatas

Lista de compras

- 250 g de batata-inglesa, baroa ou doce
- Sal grosso

Como fazer

1. Lave e descasque as batatas, corte-as ao meio, em rodelas ou em cubos.
2. Em uma panela grande, coloque as batatas cobertas com água e sal. Ligue o fogo e deixe cozinhar até estarem macias. Verifique se estão cozidas espetando o centro delas com a ponta de uma faca de legumes.
3. Escorra e misture as batatas ainda quentes ao molho escolhido (tomatinhos assados no azeite, pesto ou azeite de tapenade).

Suco de uva integral

Para não ter trabalho!
Você pode diluir o suco em um pouco de água para deixá-lo menos calórico.
Leia os rótulos e prefira os que são 100% suco de fruta.
O néctar tem cerca de 30% de suco de fruta, água, açúcares e aditivos químicos.

Dia da montanha

Que bom seria estar em uma casa no campo para praticar as receitas deste dia.

Elas são muito especiais e calorosas.

VINHO QUENTE COM ESPECIARIAS

Lista de compras

- 1 garrafa de vinho tinto
- ½ xícara de açúcar
- ¾ de xícara de suco de laranja
- 1 anis-estrelado
- 2 paus de canela
- 5 cravos-da-índia

Como fazer

1. Em uma panela, coloque o vinho, o açúcar, o suco de laranja e as especiarias.
2. Misture muito bem para dissolver o açúcar e leve ao fogo alto.
3. Quando iniciar a fervura, diminua o fogo e deixe ferver por 10 minutos.
4. Seu vinho está pronto. Sirva quente.

FONDUE DE ESPUMANTE

Lista de compras

- 250 g de queijo gruyère
- 125 g de queijo emmenthal
- 125 g de queijo estepe
- 1 dente de alho
- 300 mL de espumante brut
- Pimenta-do-reino
- Noz-moscada
- 1 colher (café) bem cheia de fécula de batata ou amido de milho (maisena)

Para acompanhar

- 200 g de minicenoura cozida
- 300 g de batata bolinha cozida
- 3 baguetes em fatias grossas
- 200 g de tomate-cereja higienizado
- 200 g de cogumelo-de-paris salteado em azeite

Como fazer

1. Prepare os acompanhamentos (cozinhe as batatas e as cenouras *al dente*) e reserve já em tacinhas para servir.
2. Rale os queijos.
3. Esfregue o dente de alho no fundo e na lateral de uma panela.
4. Coloque o espumante na panela para aquecer. Espere começar a ferver, acrescente os queijos e mexa até derreterem. Tempere com pimenta e noz-moscada.
5. Quando a mistura estiver cremosa, junte a fécula de batata ou o amido de milho, já dissolvidos em 5 mL de água.
6. Mexa e deguste mergulhando os pedaços de pão, os tomatinhos e os cogumelos no creme de queijo.

CREPE SALGADO DE CARNE-SECA, REQUEIJÃO E ABÓBORA

Lista de compras

MASSA (SERVE PARA RECHEIO DOCE OU SALGADO)

- 125 g de farinha de trigo
- 1 ovo
- 250 mL de leite
- 250 mL de água
- Qualquer gordura para untar a frigideira – óleo de coco, azeite, manteiga, ghee etc.

RECHEIO

- 200 g de carne-seca (se preferir, ela já é vendida pronta a vácuo nos supermercados)
- 400 g de abóbora baiana ou moranga
- Azeite q.b.
- 1 colher (sopa) de manteiga
- ½ cebola média
- 1 dente de alho
- Salsa e manjericão frescos (folhas)
- Sal e pimenta-do-reino
- 100 g de requeijão

Como fazer

MASSA

1. Bata a farinha e o ovo inteiro no liquidificador.
2. Acrescente o leite e a água. Bata até a massa ficar bem lisinha.
3. Faça os crepes em frigideira untada; use 50 mL de massa para uma frigideira de 20 cm. Essa massa é bem líquida.

RECHEIO

1. Cozinhe a carne-seca em panela de pressão por aproximadamente 40 minutos. Em seguida, desfie e extraia as gordurinhas.
2. Aqueça o forno a 180 °C para assar a abóbora.
3. Tire as sementes da abóbora, pincele-a com azeite e envolva-a com papel-alumínio.
4. Coloque-a em uma assadeira e leve-a ao forno por cerca de 50 minutos até ela ficar macia ou ao micro-ondas por 20 minutos, em um prato com água.
5. Retire a polpa da abóbora e amasse até obter um purê. Reserve.
6. Em uma frigideira, aqueça a manteiga e acrescente a cebola em fatias finas. Depois que a cebola murchar, junte o alho amassado.
7. Adicione a carne desfiada, as ervas e acerte o tempero.
8. Recheie os crepes com a carne-seca, o requeijão e o purê de abóbora.

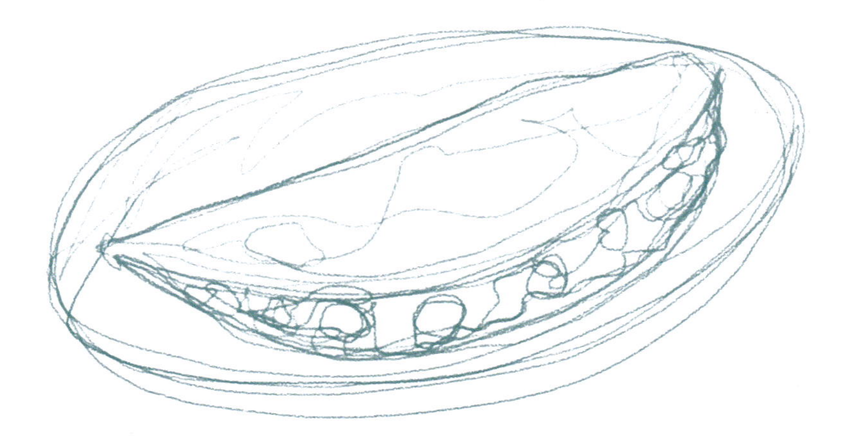

CREPE DOCE COM CREME DE CASTANHAS E CHOCOLATE

A massa é a mesma do crepe salgado, na receita anterior.

Lista de compras

CREME

- 150 g de avelã ou castanha-do-pará ou castanha-de-caju
- 4 colheres (sopa) de chocolate meio amargo em pó
- 4 colheres (sopa) de açúcar demerara ou mascavo
- 4 colheres (sopa) de óleo de coco

Como fazer

1. Processe as castanhas em um processador. Bata até elas ficarem bem moídas.

2. Acrescente os outros ingredientes, mas coloque o óleo aos poucos, até obter consistência pastosa. O creme pode ficar lisinho ou granulado.

CORDEIRO NO VINHO COM PURÊ RÚSTICO ASSADO

O cordeiro fica muito saboroso. A receita dura 8 dias na geladeira ou 6 meses no freezer, e o trabalho é todo do fogão.

Lista de compras

CARNE

- 1 kg de pernil de cordeiro ou carneiro (peça para o açougueiro cortar em dois pedaços para caber na panela)
- 1 colher (sopa) de tomilho fresco ou 1 colher (café) de alecrim
- 1 colher (café) de pimenta-do-reino
- 1 colher (sopa) de tempero mágico
- 6 cebolas grandes
- 3 colheres (sopa) de bacon
- 6 dentes de alho com casca
- 4 folhas de louro
- 3 cravos
- 100 mL de azeite
- 2 colheres (chá) de sal grosso
- 4 colheres (sopa) de folhas de salsa para finalizar
- 1,5 L de vinho tinto de boa qualidade, encorpado

PURÊ RÚSTICO ASSADO

- 6 batatas-inglesas médias
- 2 cenouras
- 4 dentes de alho
- 2 cebolas bem pequenas
- 3 colheres (sopa) de azeite
- 1 colher (café) de sal grosso

Esta receita é muito usada em casamentos no campo, em Portugal.

Como fazer

CARNE

1. Limpe a carne ou compre-a já limpa. Tempere com o tomilho, um pouco do vinho, a pimenta, o tempero mágico e deixe marinar por, pelo menos, 6 horas.
2. Corte as cebolas em rodelas grossas.
3. Em uma panela alta e grande, derreta o bacon em um fio de azeite. Retire-o e mantenha apenas a gordura.
4. Coloque uma parte das cebolas no fundo da panela, a carne e a cebola restante.
5. Faça um sachê com gaze e barbante para pôr o alho, o louro e o cravo, e amarre o barbante na alça da panela, isso facilita o descarte. Se preferir, use um infusor de chá como recipiente.
6. Acrescente todos os outros ingredientes e, por último, o vinho. A carne tem de ficar coberta pelos líquidos.

7. Mantenha a tampa da panela entreaberta e leve ao fogo baixo por 6 a 7 horas.
8. O cordeiro estará pronto quando a carne soltar do osso. Descarte o osso e o sachê.

PURÊ RÚSTICO ASSADO

1. Descasque os legumes e corte em rodelas.
2. Coloque todos os ingredientes em uma assadeira e leve ao forno, a 180 °C, por 50 minutos.
3. Em seguida, amasse grosseiramente todos os legumes e deguste com o cordeiro.

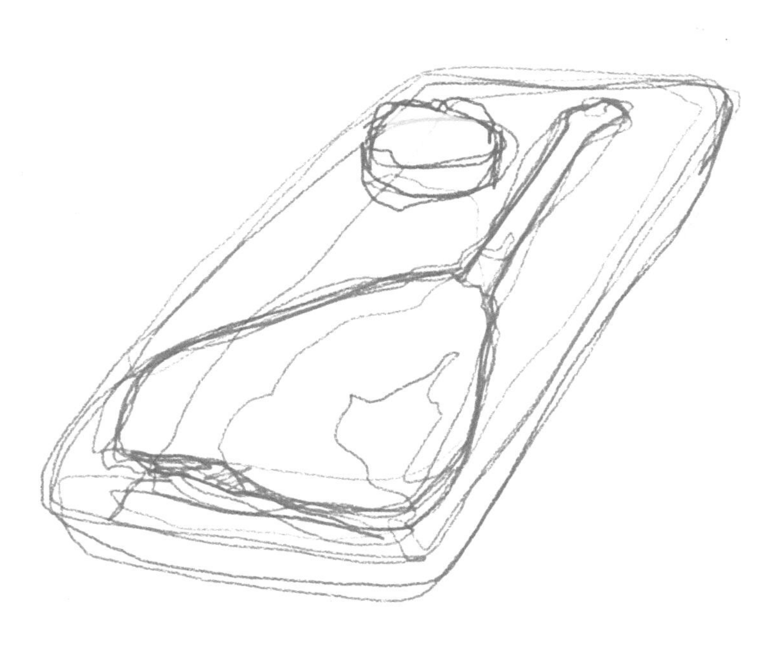

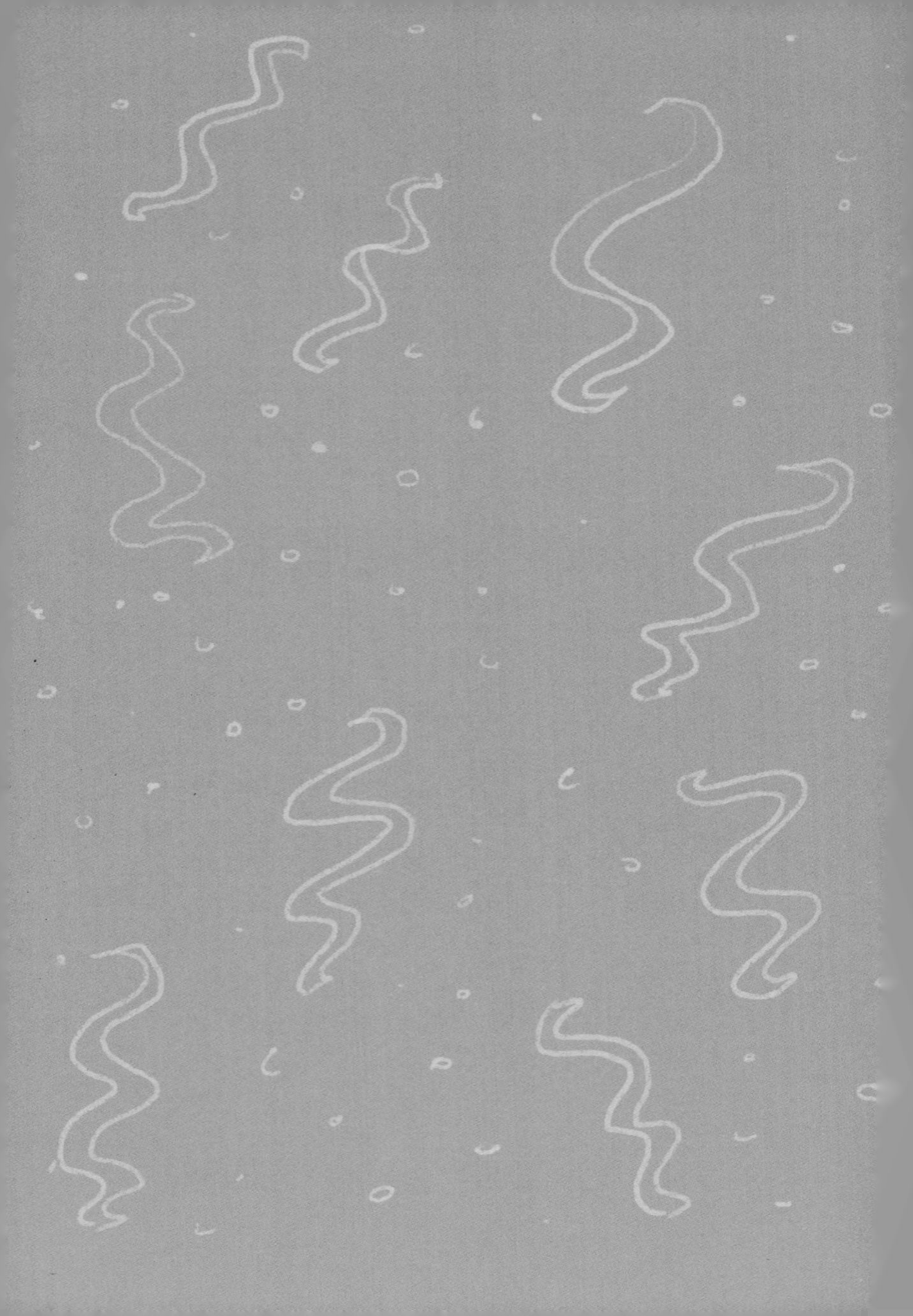

Dia da alegria

Hoje você vai cozinhar feliz!

Tomara que as receitas sejam um presente para o seu dia!

INFUSÃO GELADA DE SAGU FRUTADO

Lista de compras

- 1 pau de canela
- 1 xícara de água
- 2 colheres (sopa) de sagu
- ¼ de xícara de suco de uva
- 1 xícara de camomila

Como fazer

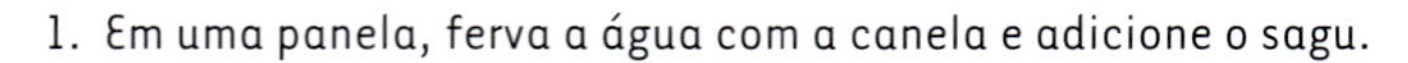

1. Em uma panela, ferva a água com a canela e adicione o sagu.
2. Cozinhe até que as bolinhas subam à superfície e comecem a amolecer. Reduza o fogo, tampe a panela e deixe cozinhar por 5 minutos.
3. Retire as bolinhas com uma escumadeira, passe-as na água fria, coloque-as em um potinho com o suco de uva e aguarde 15 minutos.
4. Em um copo grande, junte o sagu, a infusão de camomila, o gelo e divirta-se!

OUTRAS COMBINAÇÕES

- **Infusão de hortelã e sagu de limão**
- **Infusão de camomila e sagu de abacaxi**
- **Suco de laranja e sagu de hibisco**

Já que você está no dia da alegria, que tal colocar o sagu no drinque?

Sugestão: 2 colheres de sopa de sagu de hibisco, infusão de hibisco, uma dose de gim, canela em pau, zimbro e gelo.

CARRÉ ASSADO COM BARBECUE RÁPIDO

Lista de compras

CARRÉ

- 600 g a 800 g de carré cortado em 4 costeletas de porco
- 1 colher (sopa) de tempero mágico
- 1 colher (sopa) rasa de flor de sal

MOLHO BARBECUE RÁPIDO

- 6 colheres (sopa) de ketchup tradicional
- 2 colheres (sopa) de molho shoyu (hoje é possível comprar shoyu fermentado artesanalmente, orgânico, em lojas de produtos naturais)
- 1 colher (sopa) de açúcar demerara
- 1 colher (chá) de molho inglês de ótima qualidade

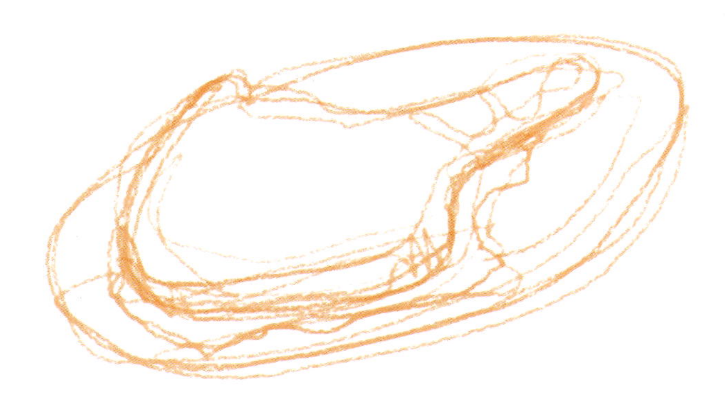

Como fazer

CARRÉ

1. Polvilhe o carré com o tempero mágico, embale cada pedaço em uma folha de papel-alumínio e feche muito bem.
2. Leve ao forno a 180 °C por 1 hora e 40 minutos. Em seguida, abra o papel-alumínio, coloque um pouco de flor de sal em cada pedaço e o molho barbecue.
3. Leve novamente ao forno a 200 °C por mais 10 minutos. Se quiser, sirva com arroz branco.

Este molho dá um sabor todo especial quando colocado sobre a carne de porco e fica ótimo também com hambúrgueres e sanduíches de porco.

MOLHO BARBECUE RÁPIDO

1. Misture tudo e leve ao micro-ondas por 1 minuto.

SANDUÍCHE GOURMET DE PATO

Lista de compras

- 400 g de pato em cubos ou pedaços (já é vendido assim nos mercados)
- 1 cebola média
- ⅓ de alho-poró (use o que você congelou)
- 1 dente de alho (use o que você refrigerou ou congelou)
- 50 mL de azeite
- 1 colher (sopa) de tempero mágico
- 2 colheres (chá) de sal grosso
- 1 pedaço pequeno de 2 cm de aipo (use o que você congelou)
- 4 galhos de salsa (use a que você congelou)
- 100 mL de cerveja preta
- 80 mL de passata de tomate

Para a montagem

- Pão redondo de grãos
- Azeite
- Rúcula e alface (temperadas com azeite, sal e pimenta)

Como fazer

1. Corte o pato em pedaços e tempere.
2. Pique a cebola, o alho-poró e amasse o alho.
3. Refogue tudo com azeite em uma panela de pressão.
4. Acrescente o pato e todos os outros ingredientes. Tampe a panela e cozinhe por 30 minutos.
5. Coe o molho e desfie a carne.
6. Corte cada pão ao meio e doure com azeite em uma frigideira.
7. Recheie com o molho, o pato e as folhas temperadas. Se quiser dar um toque adocicado ao sanduíche, acrescente um pouco de chutney de cebola, da receita a seguir.

Ao usar a panela de pressão, mantenha o fogo sempre baixo e não ocupe mais que a metade da capacidade dela.

CHUTNEY DE CEBOLA

Lista de compras

- 150 mL de vinagre de vinho tinto
- 1 pedaço de 3 cm de gengibre fresco
- 75 g de açúcar branco ou demerara ou mascavo
- 100 g de cebola-roxa descascada e cortada em tirinhas

Como fazer

1. Leve o vinagre, o gengibre, o açúcar e a cebola em tiras ao fogo.
2. Deixe reduzir até obter consistência de geleia pouco espessa.
3. Sirva com carne de porco ou de pato.

CUBINHOS DE COCO, CANELA E AÇÚCAR

Lista de compras

- 500 mL de leite
- 250 g de tapioca granulada (é aquela quebradinha, vendida em pacote nos supermercados)
- 50 g de coco fresco ralado grosso (pode estar congelado)
- 250 g de queijo coalho ralado grosso
- 2 colheres (sopa) de açúcar branco ou demerara misturadas com 1 colher (chá) cheia de canela (se preferir, você pode diminuir ou aumentar a quantidade de açúcar ou canela)

Como fazer

1. Ferva o leite em uma panela.
2. Em uma vasilha, misture a tapioca, o coco e o queijo.
3. Acrescente o leite quente e misture bem.

4. Coloque tudo em um tabuleiro forrado com plástico-filme e leve à geladeira por, pelo menos, 4 horas.
5. Corte em quadrados e frite em óleo ou azeite.
6. Deixe escorrer em papel-toalha e, quando esfriar, envolva na mistura de açúcar com canela.

Se você preferir assar em vez de fritar, preaqueça o forno por 15 minutos a 200 °C e unte o tabuleiro com óleo de coco ou azeite. Deixe no forno até dourar, virando depois de 10 a 15 minutos.

Opa! Adoramos! Sim, que bom que você está se permitindo. Desejamos que você tenha alguém perto para dividir esse glamour. Se não, saiba que ser sua melhor companhia garante muitos dias iguais a este.

As receitas vão fazer você se sentir especial.

ESPUMANTE COM CAPIM-LIMÃO E FRUTAS VERMELHAS

Lista de compras

- 200 mL de água
- 1 galho de capim-limão (use o que você congelou)
- 5 colheres (sopa) de açúcar
- Morangos higienizados e lavados (reserve na geladeira até usar)
- 1 garrafa de espumante brut

Como fazer

1. Faça uma infusão fervendo a água com o capim-limão e o açúcar por 20 minutos. Desligue o fogo e reserve por 30 minutos.

2. Coe e leve para gelar.

3. Quando for beber este drinque, coloque primeiro a infusão já gelada nas taças (20% da taça), morangos e, depois, o espumante.

MINITERRINE DE QUEIJO AZUL E NUTS CROCANTES

Lista de compras

MINITERRINE

- 1 pacote de gelatina sem sabor (12 g)
- 100 mL de creme de leite fresco
- 150 g de cream cheese (em temperatura ambiente, para a gelatina não endurecer antes de ser enformada)
- 100 g de queijo azul gorgonzola ou roquefort (em temperatura ambiente, para a gelatina não endurecer antes de ser enformada)
- Sal e pimenta-do-reino
- Torradas prontas para acompanhar

NUTS CROCANTES

- 100 g de açúcar branco ou demerara
- ¼ de colher (café) de canela em pó
- ½ colher (café) de pimenta-do-reino
- ¼ de colher (café) de gengibre em pó
- 100 g de nozes
- Papel antiaderente ou tapete de silicone para forno

Como fazer

MINITERRINE

1. Hidrate a gelatina em 120 mL de água fria por 10 minutos.
2. Ferva o creme de leite e desligue o fogo.
3. No liquidificador, bata o creme de leite quente com a gelatina (tampe o liquidificador e mantenha um pano em cima da tampa para não se queimar).
4. Acrescente o cream cheese, o queijo azul e bata mais um pouco.
5. Tempere com sal e pimenta e coloque em uma fôrma forrada com plástico-filme, para ficar fácil de retirar, ou em forminhas de silicone.
6. Deguste com torradas e decore com nuts crocantes.

NUTS CROCANTES

1. Misture o açúcar, a canela, a pimenta e o gengibre.
2. Derreta a mistura em uma frigideira. Junte as nozes, mexa e deixe no fogo até ficar com cor de caramelo claro.
3. Retire do fogo e coloque sobre um tapete de silicone ou sobre um tabuleiro forrado com um bom papel-manteiga.
4. Deixe esfriar e quebre para virar uma farofa grossa. Reserve em um pote e use sobre a terrine quando for degustar.

Terrine é uma preparação francesa com formato retangular. Ela pode ser assada ou não!

CEVICHE COM COCO, PEIXE, LEITE DE LEÃO* E BATATAS-DOCES ASSADAS EM GOMOS

*** No ceviche se usa originalmente leite de tigre. Como brincadeira, demos o nome leite de leão porque acrescentamos o coco.**

Lista de compras

CEVICHE

- ½ cebola-roxa pequena
- ½ pimenta-dedo-de-moça (use a que você congelou)
- 300 g de filé de peixe cortado em cubos
- ½ copo de coco seco fresco
- Suco de limão (5 a 8 unidades)
- 2 colheres (sopa) de coentro fresco (folhas)
- 1 colher (café) de sal

BATATAS

- 2 batatas-doces amarelas ou laranja
- 3 colheres (sopa) de azeite
- Sal e pimenta-do-reino

Como fazer

CEVICHE

1. Corte a cebola em fatias bem finas e coloque em uma vasilha com água e gelo por 1 hora, para diminuir a acidez. Em seguida, escorra e seque. Coloque a cebola no ceviche apenas na hora de degustar e para fazer o leite de leão, assim o ceviche fica mais delicado.

2. Pique a pimenta e retire as sementes; se quiser, use luvas descartáveis.

3. Lave o peixe, seque e corte em cubos; há quem prefira usar luvas descartáveis e cortá-lo com tesoura. Acrescente todos os outros ingredientes, menos a cebola, e tempere. O peixe tem de ficar coberto pelo suco de limão. Leve à geladeira por 30 minutos.
4. Em seguida, acrescente a cebola e faça o leite de leão.
5. Acompanhe com batatas assadas.

BATATAS

1. Descasque e corte as batatas em gomos.
2. Embrulhe-as em uma folha de papel-alumínio com sal, pimenta e azeite.
3. Leve ao forno a 180 °C por 30 minutos.

LEITE DE LEÃO

1. Basta bater no liquidificador parte dos ingredientes do ceviche pronto – 2 colheres de sopa de peixe, 2 colheres de sopa do molho (limão, coco e coentro) e 1 colher de sobremesa de cebola.
2. Coe e sirva com o ceviche.

RÖSTI DE FORNO COM TRUFAS

Lista de compras

- 500 g de batatas asterix
- 1 colher (chá) de sal
- 100 g de bacon (opcional)
- 2 colheres (sopa) de azeite
- ½ cebola picada
- 100 g de queijo parmesão
- 1 colher (sopa) de manteiga
- Trufa ou conserva de patê de trufa

Você pode substituir as trufas por cogumelos. A receita é igual à de crostini de cogumelos frescos, do capítulo "Dia do amor".

Como fazer

1. Cozinhe as batatas (sem casca) com água e sal por 20 minutos. Elas devem ficar firmes, pouco cozidas.
2. Reserve na geladeira em um pote com água, até o dia seguinte. Seque as batatas e rale.
3. Corte o bacon em pedacinhos e doure rapidamente com um fio de azeite na frigideira. Reserve.
4. Murche a cebola em 1 colher de azeite e deixe esfriar. Em seguida, misture com a batata ralada, o bacon e o queijo parmesão.
5. Pincele um pirex com azeite, acrescente a mistura das batatas com o bacon, o queijo e a cebola.
6. Coloque a manteiga por cima e leve ao forno a 180 °C, até dourar.
7. Finalize com trufa ralada ou coloque colherinhas de patê de trufa.

BACALHAU COM GRUYÈRE

Lista de compras

BACALHAU

- 1 L de leite
- 1 folha de louro
- 1 galhinho de tomilho
- 1 cebola
- 800 g de lombo de bacalhau dessalgado

BATATAS E CEBOLAS

- 6 batatas
- 300 mL de azeite
- 2 cebolas pequenas em fatias finas

CREME

- 2 colheres (sopa) de manteiga
- 2 colheres (sopa) de farinha de trigo
- ½ xícara de leite (use o leite do cozimento do bacalhau)
- 1 pitada de noz-moscada
- 1 xícara de creme de leite fresco
- 1 colher (sopa) de mostarda Dijon
- 1 colher (chá) de suco de limão
- 1 gema
- Sal q.b.

MONTAGEM

- Manteiga e farinha de rosca para untar
- 250 g de queijo gruyère ralado para polvilhar

Como fazer

BACALHAU

1. Ferva o leite com o louro, o tomilho e a cebola.
2. Desligue o fogo, acrescente o bacalhau, tampe a panela e deixe por 30 minutos, sempre com o fogo desligado.
3. Retire o bacalhau e reserve o leite. Extraia a pele e as espinhas e separe o bacalhau em lascas.
4. Coe o leite reservado e coloque na geladeira.

BATATAS E CEBOLAS

1. Corte as batatas em cubinhos e frite no azeite. Escorra e reserve.
2. Frite as fatias de cebola no azeite. Junte as lascas de bacalhau e reserve.

CREME

1. Em uma panela, aqueça a manteiga e a farinha, mexendo até dourar um pouco.
2. Acrescente o leite do bacalhau, frio, tempere com a noz-moscada e mexa com uma espátula por 15 minutos. Junte metade do creme de leite, a mostarda e o suco de limão. Retire do fogo.
3. Misture a outra metade do creme de leite à gema, junte isso ao creme e acerte o sal.

MONTAGEM

1. Unte um pirex ou ramequins com manteiga e farinha de rosca.
2. Coloque as batatas no fundo, o bacalhau, as cebolas, o molho e o queijo ralado e leve ao forno preaquecido a 200 °C, apenas para gratinar.

Dia da pressa

Este é um grande desafio da humanidade: como será viver sem pressa e dar conta de tudo? Nós também não sabemos. Damos dinheiro, mas não emprestamos tempo.

Estamos com você!

SALADA DE ABACATE, TOMATE-CEREJA E CAMARÃO

Lista de compras

- 10 tomates-cereja
- 2 colheres (sopa) de coentro (folhas)
- ½ abacate
- 200 g de camarão pronto (receita no capítulo "Dia dos amigos")

MOLHO

- 4 colheres (sopa) de suco de limão
- 1 colher (sopa) de azeite
- 4 a 6 gotas de molho de pimenta Tabasco ou 1 pimenta dedo-de-moça sem sementes picadinha
- Sal

Como fazer

1. Higienize e seque os tomates e o coentro.
2. Corte os tomates ao meio.
3. Descasque o abacate e corte em cubos. Se preferir, você pode congelar a metade (depois, use diretamente em sucos ou vitaminas, sem descongelar).
4. Junte o abacate, o tomate, o coentro e o camarão cortado.
5. Faça o suco de limão e coe.
6. Misture os ingredientes do molho e acrescente à salada.
7. Se quiser, faça o dobro e guarde na geladeira para o jantar.

O abacate é muito versátil e vai bem em preparações salgadas e doces, mas evite acrescentar açúcar.

Rico em fibras, vitaminas antioxidantes e gordura boa, o abacate tem baixa resposta glicêmica, auxilia na redução do colesterol e do hormônio do estresse.

ARROZ DE MICRO-ONDAS

Lista de compras

- 1 xícara de arroz branco
- 1 e ½ xícara de água
- 1 colher (café) de sal
- ½ cenoura ralada (opcional)
- 2 colheres (sopa) de alho-poró fatiado (use o que você congelou)

Não sinta culpa por usar seu micro-ondas. É isso ou a fome "roncando" em seu ser!

Como fazer

1. Lave o arroz e deixe escorrer bem.
2. Coloque todos os ingredientes em um pirex e leve ao micro-ondas por 10 minutos.
3. Retire e mexa com um garfo. Se preferir o arroz bem cozido, acrescente um pouco de água (aproximadamente 100 mL) nesse momento.
4. Coloque novamente no micro-ondas por mais 5 minutos.

BRÓCOLIS DE MICRO-ONDAS E AZEITE DE ALHO

Lista de compras

- 1 brócoli
- 100 mL de azeite
- 1 dente de alho
- Sal
- Pimenta-do-reino ou 1 colher (chá) de tempero mágico de alho

Inclua brócoli em sua alimentação! Ele é cheio de vitaminas, fibras e antioxidantes.

Como fazer

1. Corte o brócoli, separando cada cabinho com flor, e higienize.
2. Depois de lavados, coloque-os em um pirex sem água e leve ao micro-ondas por 4 minutos. Eles vão ficar *al dente* (se preferir mais cozido, deixe por mais 1 minuto).
3. Enquanto isso, aqueça em uma frigideira o azeite com o dente de alho levemente amassado ou use o tempero mágico de alho da geladeira.
4. Acrescente os brócolis ao azeite ou jogue o azeite temperado sobre eles. Acerte o sal.

Na verdade, compramos sempre três brócolis de uma vez, higienizamos, cozinhamos por 3 minutos no micro-ondas e congelamos em uma bandeja aberta. Depois, juntamos todos em um saco, para eles não grudarem. Assim, na pressa, basta apenas descongelar no micro-ondas ou na frigideira e temperar com azeite, alho, pimenta e sal.

UM BIFE PARA CHAMAR DE SEU

Lista de compras

- 260 g de filé-mignon limpo
- Pimenta-do-reino ou tempero mágico
- 1 colher (chá) de manteiga ou azeite ou óleo de coco ou outra gordura
- 1 dente de alho com casca lavado
- 1 galhinho de alecrim ou tomilho ou 1 folha de louro (se tiver)
- Flor de sal

Como fazer

1. Corte o filé em 2 fatias e tempere com pimenta ou tempero mágico.
2. Aqueça bem uma frigideira (de fundo triplo), derreta a manteiga com o alho amassado grosseiramente e a erva escolhida.
3. Espere a manteiga dourar (ou outra gordura) e estar bem quente e faça os bifes.
4. Deixe o bife dourar de um lado, vire e doure do outro. Salpique sal sobre o lado do bife já dourado e, depois, sobre o outro.

A frigideira e a gordura precisam estar bem quentes.

Vire o bife só uma vez e não fique "zanzando" com ele para lá e para cá.

Não espete o bife com o garfo, vire-o com uma espátula, senão o suco da carne sairá e seu bife ficará duro.

Coloque, no máximo, dois bifes por vez na frigideira, assim você garante que eles ficarão com aquele tostadinho que você ama.

Se quiser fazer um molho rápido: assim que retirar os bifes, ainda com o fogo ligado, acrescente 100 mL de água e 1 colher (chá) de mostarda, de preferência Dijon Originale ou mostarda de Dijon Beaufor, mexa com uma espátula e coloque sobre os bifes.

FILÉ DE FRANGO NO GRILL E MOLHO TERIYAKI

Lista de compras

FILÉ DE FRANGO

- 500 g de filé de frango (compre uma marca de frango orgânico)
- Pimenta-do-reino ou tempero mágico
- 1 colher (chá) de manteiga ou azeite ou óleo de coco ou outra gordura
- Flor de sal

MOLHO TERIYAKI

- 100 mL de saquê doce Mirin (não é o Kirin)
- 100 mL de shoyu
- ½ xícara de açúcar demerara ou mascavo
- 1 pedaço de gengibre fresco

Como fazer

FILÉ DE FRANGO

1. Seque bem os filés com papel-toalha e tempere com tempero mágico.
2. Aqueça bem o seu grill elétrico, pincele com a gordura e espere esquentar bem.
3. Coloque os filés, feche a tampa e deixe por 1 minuto (ou 2 minutos, se os filés forem grossos). Vire e deixe por mais 1 ou 2 minutos. Tempere com sal. Se quiser congelar, não coloque sal.
4. Acompanhe com arroz branco e molho teriyaki ou manteiga de limão (receita no capítulo "Dia do churrasco").

MOLHO TERIYAKI

1. Misture tudo em uma frigideira e leve ao fogo até engrossar (cerca de 10 minutos), em fogo baixo. Depois de pronto, dura 15 dias na geladeira.

Limpe seu grill com esponja enquanto ele estiver quente. Depois, seque com papel-toalha.

CAMARÃO CHINÊS

Lista de compras

- 1 kg de camarão com casca
- 100 g de manteiga
- 1 pedaço de 2 cm de gengibre fresco ralado
- ½ colher (café) de tempero mágico
- 4 dentes de alho com casca
- 4 colheres (sopa) de molho shoyu

Como fazer

1. Limpe o camarão, mantendo a casca, e lave com água. Escorra bem e seque com papel-toalha.

2. Em uma frigideira funda, derreta a manteiga, o gengibre (coloque inteiro se preferir menos picante), o tempero mágico e acrescente o alho amassado. Deixe a manteiga dourar um pouco.

3. Coloque o camarão na frigideira, mexa, espere mudar de cor (cerca de 3 minutos) e acrescente o molho shoyu. Desligue o fogo e sirva com arroz branco.

Você consegue limpar o camarão ao dar um pequeno corte no meio das costas dele, com a ponta da faca de legumes, e fazer um movimento de costurar roupa.

Um daqueles dias que faz a vida valer a pena.
Como é bom sentir amor, seja por um ser, seja por viver
ou apenas por um segundo de ilusão.

Pouco importa... O que vale é viver plenamente os lindos momentos.

ESPUMANTE COM FLOR DE FEIJÃO BORBOLETA

Lista de compras

- 300 mL de água
- 1 galho de capim-limão
- 1 colher (sopa) de flor desidratada de feijão borboleta (é vendida na internet)
- 2 colheres (sopa) de açúcar (opcional)
- 1 garrafa de espumante

Como fazer

1. Ferva a água com o capim-limão por 10 minutos.

2. Desligue o fogo e acrescente a flor e o açúcar. Tampe e reserve por 30 minutos. A infusão vai ficar bem azul. Coe e leve para gelar.

3. Quando for beber o drinque, coloque primeiro a infusão já gelada nas taças (30% da taça) e depois o espumante. A bebida ficará rosa; o azul da flor em contato com o ácido do espumante fará acontecer essa mágica.

CANAPÉ DE LICHIA RECHEADA E REDUÇÃO DE PORTO

Lista de compras

- Metade de uma lata de lichia (em conserva)
- 100 mL de vinho do Porto Ruby ou Tawny
- 1 colher (sobremesa) de açúcar branco ou demerara
- 50 g de patê de fígado de galinha (você pode comprar pronto, se preferir)

Como fazer

1. Retire as lichias da lata, escorra e leve à geladeira até ficarem bem geladas; ou, antes de degustar, coloque-as por 15 minutos no freezer.

2. Em uma frigideira, coloque o vinho e o açúcar, leve ao fogo e deixe reduzir um pouco até obter uma calda espessa (cerca de 10 minutos). Deixe esfriar. Essa redução pode ser feita 6 dias antes e guardada na geladeira.

3. Recheie as lichias geladas com ½ colher (café) de patê e 1 colher (café) da redução de vinho do Porto.

Este é um canapé sem pão e fica bonito em copos de licor com um espetinho estilizado. O sabor surpreende.

PATÊ DE FÍGADO DE GALINHA

Lista de compras

- 200 g de fígado de galinha
- 100 mL de conhaque ou uísque
- 1 colher (café) de tempero mágico
- 1 dente de alho
- 1 galhinho de tomilho fresco
- 1 folha de louro
- 3 colheres (sopa) de manteiga
- 1 cebola pequena
- 1 colher (café) de flor de sal
- Azeite q.b.

Como fazer

1. Limpe o fígado e cubra com o conhaque, o tempero mágico, o alho cortado ao meio, o tomilho e o louro; deixe marinar por, pelo menos, 2 horas. Escorra o fígado, descarte o alho, o tomilho e o louro.

2. Em uma frigideira, derreta 1 colher de manteiga e doure a cebola picada. Acrescente o fígado e frite por 15 minutos, mexendo de vez em quando.

3. Bata tudo no liquidificador ou processador com o restante da manteiga e o sal. Leve à geladeira para ganhar consistência. Se sobrar, congele e, ao descongelar, misture um pouco de azeite.

CROSTINI DE COGUMELOS FRESCOS

Lista de compras

- 100 g de cogumelo-de-paris ou portobello
- 2 colheres (sopa) de manteiga ou azeite para os cogumelos
- ½ alho-poró higienizado, fatiado ou picado (use o que você congelou)
- Sal e pimenta-do-reino
- 1 baguete comprida, rústica, de grãos
- 5 colheres (sopa) de azeite para a baguete
- 50 g de queijo parmesão
- 2 colheres (sopa) de salsa

Como fazer

1. Limpe e fatie os cogumelos. Doure-os em uma frigideira com 1 colher de gordura.
2. Acrescente o alho-poró e outra colher de gordura. Tempere com sal e pimenta.
3. Corte o pão em fatias não muito finas.
4. Aqueça um pouco de azeite em uma frigideira e doure as fatias de pão apenas de um lado.
5. Coloque as fatias com a parte dourada para baixo em um tabuleiro com um fio de azeite.
6. Sobre as fatias de pão, acrescente o refogado de cogumelos e o queijo.
7. Leve ao forno a 200 °C para gratinar por 10 minutos, antes de degustar. Finalize com salsa.

MAGRET COM MAÇÃS E CARDAMOMO

Lista de compras

MAGRET

- 1 peito de pato (magret)
- Pimenta-do-reino
- 1 galhinho de tomilho
- 1 galhinho de alecrim
- Flor de sal

MAÇÃS E CARDAMOMO

- 3 maçãs
- 100 g de açúcar branco ou demerara
- 100 mL de água
- 1 colher (sopa) de manteiga
- 2 bagas de cardamomo
- Sal e pimenta-do-reino

Como fazer

MAGRET

1. Tempere o magret com pimenta, tomilho e alecrim e faça cortes na parte da gordura, formando um xadrez. Não corte totalmente a carne. Reserve na geladeira por 1 hora.

2. Coloque o magret em uma frigideira bem quente, com a gordura para baixo.

3. Deixe a carne derreter na própria gordura e cozinhe até a pele ficar dourada. Vire e deixe por mais 2 minutos. Tempere os dois lados com sal após a cocção.

4. Prepare um prato com um pedaço de papel-alumínio. Retire o peito da frigideira, embrulhe no papel e feche bem. Reserve assim por 20 minutos e o magret estará pronto.

5. Coloque o peito sobre uma tábua e fatie finamente. Acompanhe com as maçãs.

MAÇÃS E CARDAMOMO

1. Lave, seque, descasque as maçãs e corte cada uma em 4 gomos.

2. Em uma frigideira, derreta o açúcar com a água e acrescente as maçãs.

3. Adicione a manteiga, o cardamomo aberto (use uma faquinha de legumes para abrir) e deixe dourar. Tempere com sal e pimenta.

O cardamomo tem sementinhas com sabor intenso e, quando adicionado a preparações, infusões e até mesmo quando mastigado *in natura*, auxilia na eliminação de gases intestinais.

TORTA DE CHOCOLATE MOUSSE CROCANTE

Lista de compras

BASE DA TORTA

- 30 g de amêndoas picadas
- 100 g de aveia em flocos grossos
- 50 g de quinoa
- 20 g de chia
- 30 g de passas escuras
- 50 g de manteiga de cacau ou óleo de coco
- 70 g de mel

MOUSSE

- 125 g de manteiga sem sal
- 200 g de chocolate meio amargo em barra
- ½ colher (café) de extrato de baunilha
- 5 claras
- 2 e ½ colheres (sopa) de açúcar
- 4 gemas

PARA DECORAR

- 100 g chocolate em barra (faça lascas)

Como fazer

1. Coloque as amêndoas em um tabuleiro forrado com papel antiaderente e leve ao forno preaquecido a 180 °C, por 10 minutos.

2. Triture rapidamente a aveia no pulsar do liquidificador.

3. Misture todos os ingredientes e coloque em uma fôrma de fundo removível, forrada com papel-manteiga. Uniformize a parte de cima com a ajuda de um pequeno rolo. Se não tiver, disponha a massa sobre uma cerâmica que possa ser levada ao forno e ajeite com as costas de uma colher.
4. Leve ao forno por 20 minutos. Quando a massa esfriar, acrescente a mousse de chocolate por cima.
5. Finalize com lascas de chocolate. Leve para gelar por, no mínimo, 6 horas.

MOUSSE

1. Em um pirex, derreta a manteiga por 1 minuto no micro-ondas; se ela não derreter totalmente, deixe por mais 30 segundos.
2. Retire e acrescente o chocolate picado. Misture até derreter.
3. Inclua a baunilha e reserve até ficar morno.
4. Bata as claras em neve na batedeira. Quando elas começarem a crescer, adicione o açúcar.
5. Acrescente as gemas, uma a uma, e continue batendo.
6. Misture cuidadosamente o creme de chocolate ao creme da batedeira com uma espátula (com movimentos de baixo para cima), coloque sobre a base da torta e leve à geladeira.

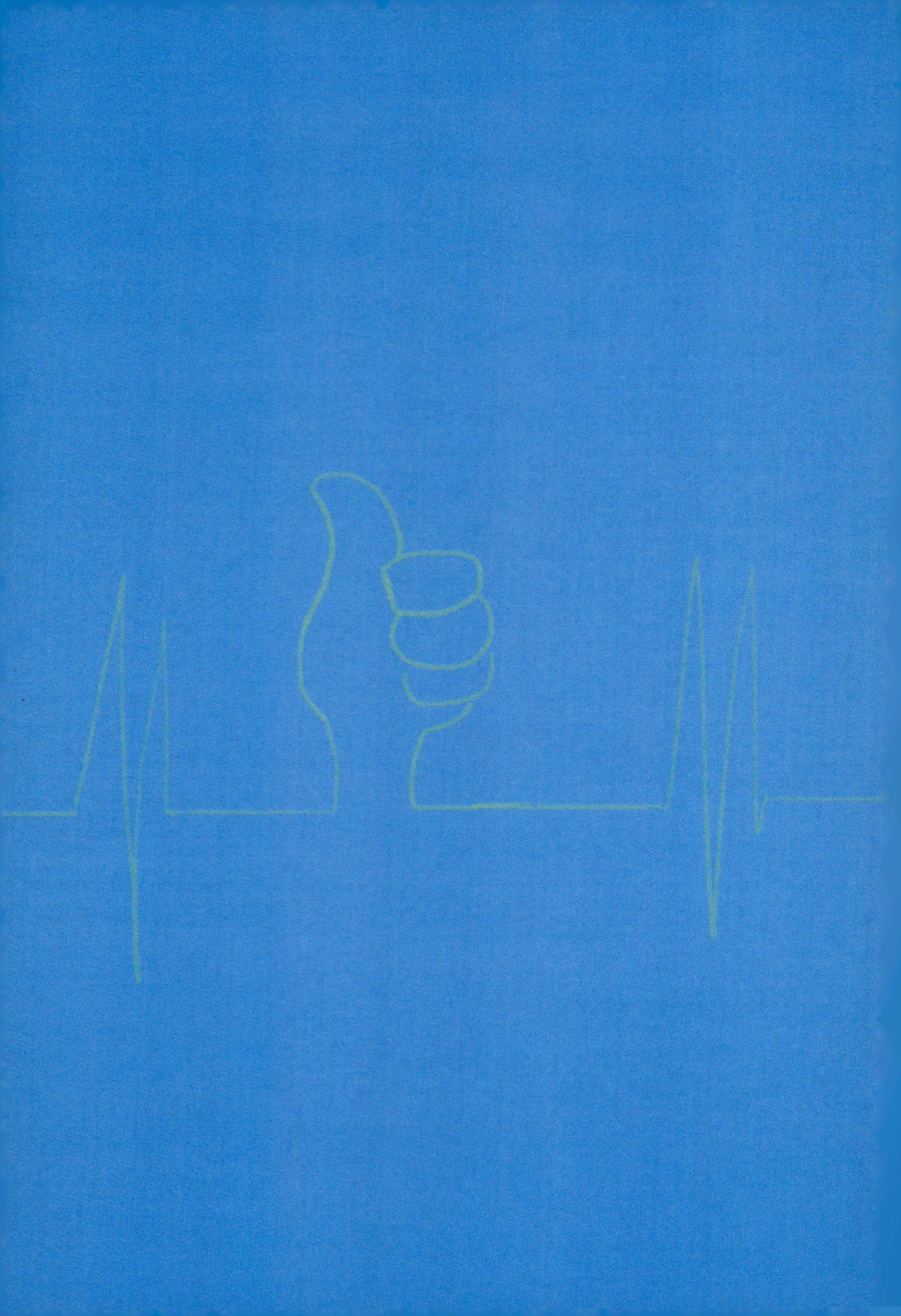

Dia da saúde

É um dia necessário. Mas, acredite, todas as receitas são supergostosas.

Nota: Carlinha está rindo sem parar... de tanta felicidade.

Chás e infusões têm ações antioxidantes, anti-inflamatórias e podem contribuir para a melhora do sono, da digestão, da ansiedade e para o processo de emagrecimento.

Inclua-os em seu dia a dia! Eles podem ser degustados quentes ou gelados!

INFUSÃO DE CAPIM-LIMÃO E HIBISCO

Lista de compras

- 240 mL de água
- 1 galho de capim-limão
- 1 pau de canela
- 1 colher (café) de hibisco

Como fazer

1. Ferva a água com o capim-limão e a canela, desligue o fogo e acrescente o hibisco.
2. Deixe em infusão por, pelo menos, 10 minutos. Sirva quente ou gelado.

CALDINHO DE COGUMELOS, GENGIBRE, ALHO-PORÓ, CAPIM-LIMÃO E ALGA

Lista de compras

- 2 colheres (sopa) de cogumelos shiitake frescos
- 600 mL de caldo de legumes (receita no capítulo "Dia da organização")
- 1 pedaço de 5 cm de alga kombu
- 1 pedaço de 3 cm de gengibre fresco (use o que você congelou)
- 1 galhinho de capim-limão (use o que você congelou)
- 2 colheres (sopa) de alho-poró em rodelas finas (use o que você congelou)
- 1 colher (sopa) de pasta de missô vermelho
- 1 colher (sopa) de manjericão fresco

Como fazer

1. Fatie os cogumelos e reserve.
2. Em uma panela, coloque o caldo de legumes, a alga, o gengibre, o capim-limão e ferva por 5 minutos.
3. Retire o capim-limão e descarte.
4. Acrescente os cogumelos e o alho-poró e deixe no fogo por mais 10 minutos.
5. Desligue o fogo e descarte o gengibre e a alga.
6. Junte o missô e misture bem com um fouet ou garfo.
7. Adicione o manjericão e deguste.

Limpe os cogumelos com um paninho úmido.

Os cogumelos ajudam a aumentar a clareza cerebral e a concentração.

BERINJELA COM MISSÔ E COGUMELOS

Lista de compras

- 2 berinjelas
- 4 colheres (sopa) de óleo de coco
- 2 talos de cebolinha cortada em rodelas (use a que você congelou)
- 2 colheres (sopa) de coentro
- 1 colher (sopa) de gergelim tostado
- Cogumelos-de-paris salteados em um fio de azeite, para incrementar o prato

MOLHO

- 1 colher (sopa) de pasta de missô
- 50 mL de saquê Mirin
- 1 e ½ colher (sopa) de açúcar demerara

Como fazer

1. Corte as extremidades das berinjelas e descarte.
2. Divida as berinjelas ao meio, faça cortes bem profundos na diagonal, em forma de xadrez.
3. Em uma frigideira, coloque o óleo de coco e as berinjelas com a casca virada para cima e leve ao forno preaquecido a 180 °C. Espere até a parte de baixo dourar.
4. Diminua o fogo, vire as berinjelas e deixe cozinhar por 2 a 3 minutos, com a frigideira tampada.

MOLHO

1. Misture o missô, o saquê, o açúcar e ferva, por 1 minuto, em fogo baixo.
2. Coloque as berinjelas em uma assadeira, cubra com o molho e deixe caramelizar por 20 a 30 minutos no forno.

3. Ao retirar, salpique com o gergelim e as ervas frescas.
4. Acrescente cogumelos salteados.

Missô é um fermentado da soja, rico em vitaminas e minerais e fonte de probióticos. Ele auxilia no equilíbrio da flora intestinal e na digestão. Mas cuidado! O missô é rico em sal, por isso não abuse da quantidade consumida!

PEIXE THAI COM COUVE-DE-BRUXELAS ASSADA

Lista de compras

PEIXE

- 4 filés de peixe (cherne, namorado, badejo...)

MOLHO 1

- 1 pedaço de 5 cm de gengibre fresco cortado em tiras finas (use o que você congelou)
- 2 colheres (chá) de pimenta dedo-de-moça picada, sem sementes (use a que você congelou)
- 2 colheres (sopa) de galhinhos de coentro picados

MOLHO 2

- 6 cebolinhas cortadas em rodelas (use a que você congelou)
- 4 colheres (sopa) de suco de limão coado

COUVE-DE-BRUXELAS ASSADA

- 150 g de couve-de-bruxelas
- 3 colheres (sopa) de azeite
- Sal
- ½ colher (café) de tempero mágico
- 3 colheres (sopa) de alho-poró fatiado (use o que você congelou)
- 1 colher (sopa) de salsa (só as folhas)

Como fazer

PEIXE

1. Lave os filés e seque bem com papel-toalha.
2. Forre uma panela de bambu com papel-manteiga ou use uma panela para cozinhar no vapor.
3. Coloque o peixe sobre o papel e cubra com o molho 1.
4. Tampe a panela e cozinhe por 6 minutos.
5. Em seguida, vire o peixe com cuidado e acrescente o molho 2. Deixe no fogo por mais 2 minutos; se os filés forem grossos, deixe por 5 minutos.
6. Sirva com a couve e, se preferir, com rodelas de abacaxi e arroz branco (opcionais).

COUVE-DE-BRUXELAS ASSADA

1. Ligue o forno a 180 °C.
2. Corte uma fatia da base (é uma parte mais dura) da couve, descarte e lave-a.
3. Retire também as folhas velhas ou danificadas e corte a couve ao meio.

4. Coloque-a em um pirex, acrescente o azeite, tempere com sal, tempero mágico e misture tudo ao alho-poró.

5. Leve ao forno por 20 minutos ou até dourar um pouco. Retire, acrescente a salsa e sirva como acompanhamento do peixe.

CEVICHE DE ABOBRINHA, MANGA, LARANJA E GENGIBRE

Lista de compras

- 1 abobrinha já higienizada
- 1 laranja cortada em cubos
- ½ manga cortada em cubos
- 1 colher (sopa) de brotos de coentro ou coentro
- ½ pimenta dedo-de-moça picadinha, sem sementes
- 1 colher (sopa) de cebola-roxa picadinha

MOLHO

- Suco de 1 limão
- Suco de ½ laranja
- 1 colher (chá) de suco de gengibre
- ½ colher (café) de sal

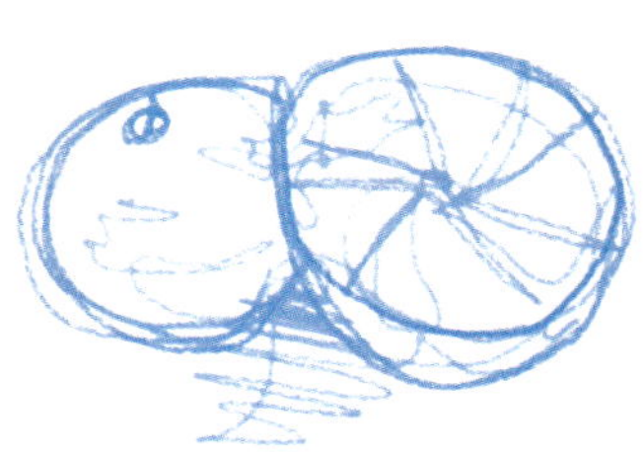

Como fazer

1. Descarte o centro da abobrinha e corte-a em cubos.

2. Acrescente todos os ingredientes, menos a cebola.

3. Deixe a cebola em água gelada por 30 minutos, depois escorra e seque.

4. Adicione a cebola e o molho.

5. Deixe na geladeira por 30 minutos. Sirva gelado.

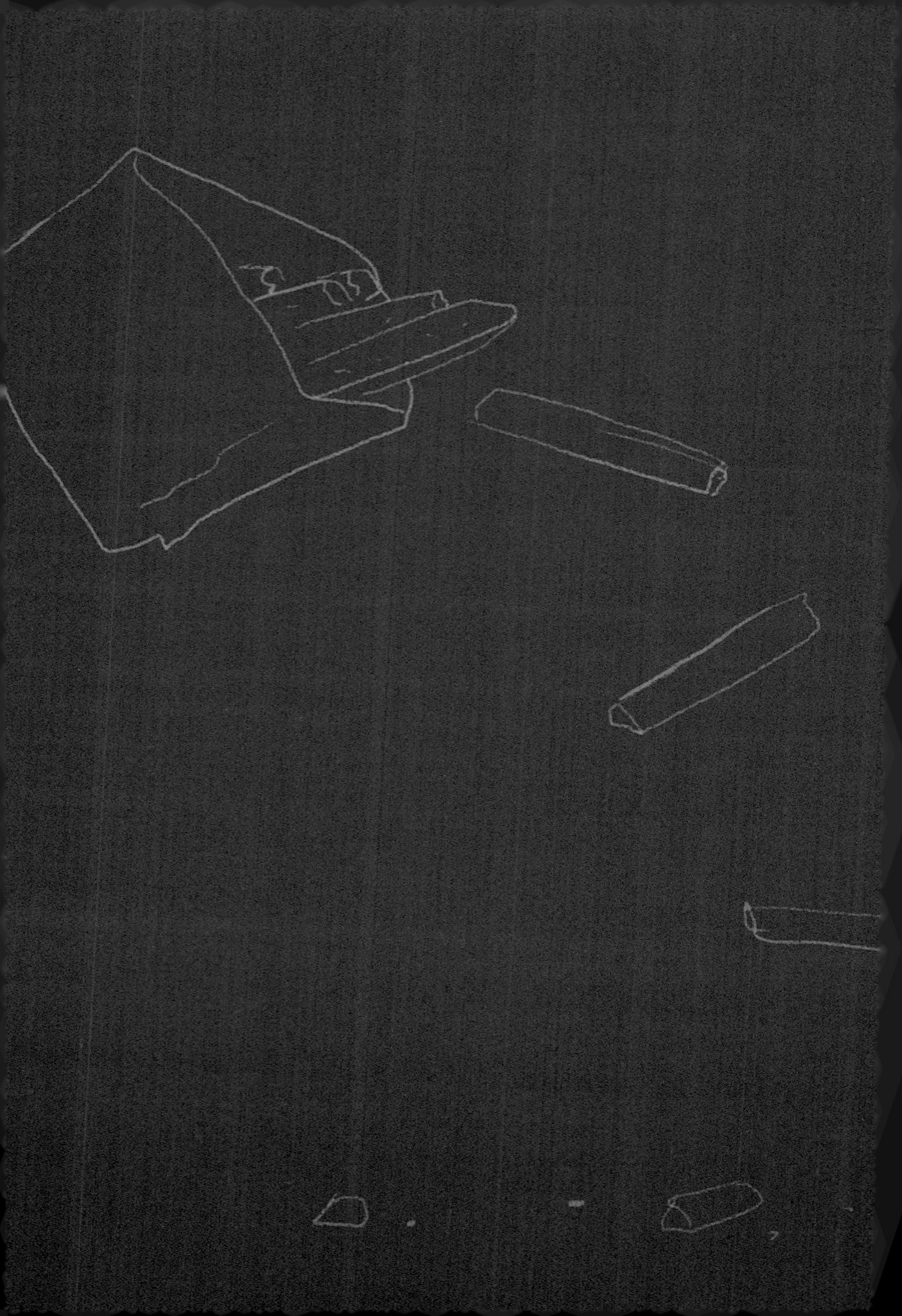

Dia da porcaria

Sério! Fizemos você esperar tanto para, de fato, fazer você feliz. Garantimos: este capítulo está cheinho de recompensas. Não sabemos nem por onde começar...

Dê uma olhada! Estamos aqui imaginando seu sorriso de orelha a orelha. Por favor, não revele a bebida que você escolheu para este dia.

WAFFLE AMERICANO COM DOCE DE LEITE

Lista de compras

WAFFLE

- 4 ovos
- 1 e ⅓ de xícara de leite
- ½ xícara de óleo de girassol ou 80 mL de azeite
- 2 colheres (sopa) de açúcar branco ou demerara
- 2 xícaras de farinha de trigo
- 1 colher (sobremesa) de fermento químico em pó
- Óleo de coco ou azeite ou óleo para pincelar

DOCE DE LEITE

- 1 L de leite integral
- 140 g de açúcar
- 2 colheres (sobremesa) de bicarbonato de sódio

Como fazer

WAFFLE

1. Bata os ovos, o leite e o óleo no liquidificador.

2. Acrescente o açúcar, a farinha e o fermento e bata até a massa ficar uniforme.

3. Aqueça a máquina de waffle e pincele com uma gordura.

4. Coloque a massa na máquina e espere até o waffle ficar pronto. Ele pode ser congelado por até 3 meses.

Descongele os waffles diretamente no forno ou em uma torradeira: posicione o botão da cor no zero. Sirva com geleias, manteiga ou doce de leite (compre pronto, se preferir).
Sempre que você usar fermento químico nas massas, seja em bolos, seja em waffles, asse a preparação imediatamente.

DOCE DE LEITE

1. Coloque o leite, o açúcar e o bicarbonato de sódio em uma panela e leve ao fogo baixo.
2. Mexa de vez em quando, com atenção para que fique uniforme e não queime.

BOLINHAS DE TAPIOCA, COCO E CAMARÃO FRITAS

Lista de compras

- 250 mL de leite
- 125 g de tapioca granulada (é aquela quebradinha, vendida em pacote nos supermercados)
- 50 g de coco fresco ralado grosso (use o que você congelou)
- 125 g de queijo coalho ralado grosso
- ½ colher (café) rasa de sal
- 100 g de camarão já pronto e cortado em pedaços pequenos (receita no capítulo "Dia dos amigos")

Como fazer

1. Ferva o leite em uma panela.
2. Em uma vasilha, misture a tapioca, o coco e o queijo.
3. Acrescente o leite quente, misture bem e acerte o sal.
4. Espere esfriar um pouco, faça bolinhas pequenas, recheie com um pedacinho de camarão e aperte bem para fechar. Se achar mais fácil, pique o camarão e misture com a massa e só depois faça as bolinhas.
5. Coloque tudo em um tabuleiro forrado com plástico-filme e leve à geladeira por 2 horas.
6. Quando retirar, frite em óleo ou azeite. Deixe escorrer em papel-toalha e seja feliz.

FEIJOADINHA RÁPIDA DE FEIJÃO-VERMELHO, COUVE, LARANJA COM ARROZ E FAROFA TOSTADA

Lista de compras

FEIJÃO E CARNES

- 2 xícaras de feijão-vermelho cru
- 100 g de bacon
- 100 g de linguiça de porco fina
- 3 colheres (sopa) de azeite
- 2 folhas de louro
- 1 colher (chá) de tempero mágico
- 7 xícaras de água
- Sal
- 2 dentes de alho amassados (use o que você refrigerou ou congelou)
- 3 colheres (sopa) de coentro

COUVE E LARANJA

- 2 colheres (sopa) de azeite
- 2 dentes de alho amassados (use o que você refrigerou ou congelou)
- 1 maço de couve (use a que você congelou)
- Sal e pimenta
- 2 laranjas

FAROFA

- 2 colheres (sopa) de manteiga ou azeite
- 1 colher (chá) de tempero mágico
- 2 dentes de alho picadinhos (use o que você refrigerou ou congelou)
- 200 g de farinha de mandioca flocada biju
- Sal

Como fazer

FEIJÃO E CARNES

1. Deixe o feijão de molho na geladeira de 6 a 8 horas e descarte os grãos que boiarem. Depois escorra, lave e escorra de novo.
2. Retire o couro do bacon e corte o bacon em quadrados grandes.
3. Corte a linguiça em rodelas.
4. Doure as carnes em uma frigideira grande com 1 colher de azeite. Reserve.
5. Coloque metade do bacon, o feijão, o louro e o tempero mágico na panela de pressão com a água (respeite o tamanho da sua panela, encha apenas até a metade). Leve ao fogo baixo por 50 minutos, contando o tempo desde o início. Desligue o fogo, retire a pressão e veja se está bem cozido. Acerte o sal.
6. Separadamente, doure o alho com 2 colheres de azeite. Adicione o alho, as carnes já douradas e o coentro à panela.

COUVE E LARANJA

1. Em uma frigideira, aqueça o azeite com o alho e coloque a couve.
2. Tempere com sal e pimenta. Mexa por 2 minutos e retire.
3. Descasque as laranjas e corte em rodelas.
4. Sirva a feijoadinha com arroz branco.

FAROFA

1. Em uma frigideira, coloque a manteiga e deixe derreter com o tempero mágico.
2. Adicione o alho e dê uma leve dourada.
3. Acrescente a farinha e mexa até dourar.
4. Acerte o sal.

A couve congelada inteira pode ser descongelada diretamente no fogo, quebrada como se fosse um papel amassado.

HAMBÚRGUER DE FRALDINHA COM BACON

Lista de compras

- 2 pães de brioche, redondos

CARNES

- 300 g de patinho
- 400 g de fraldinha
- 300 g de bacon
- Sal
- Pimenta-do-reino ou tempero mágico
- 1 colher (sopa) de manteiga ou azeite para pincelar a frigideira dos hambúrgueres

REFOGADO

- 1 cebola picada
- 2 dentes de alho inteiros, sem casca (use o que você refrigerou ou congelou)
- 2 colheres (sopa) de azeite

Como fazer

1. Moa as carnes e tempere com sal e tempero mágico (se preferir, compre as carnes já moídas).
2. Refogue a cebola e, depois, o alho inteiro no azeite.
3. Retire o alho e dispense. Espere a cebola esfriar e misture à carne.
4. Molde os hambúrgueres e reserve.
5. Pincele a frigideira ou chapa com manteiga ou azeite.
6. Grelhe a carne de um lado e depois do outro.
7. Monte o hambúrguer com o pão dourado na frigideira, a carne e o barbecue (receita no capítulo "Dia da alegria").

Dia da carência

Hoje está tudo liberado!

Vamos fazer você se sentir a pessoa mais querida do universo.

Neste capítulo, há receitas para agradar a qualquer ser humano!

SANDUÍCHE DE COSTELA COM CERVEJA PRETA

Lista de compras

- 500 g de costela de porco ou boi
- 1 colher (chá) de tempero mágico
- 1 cebola média
- ½ alho-poró (use o que você congelou)
- ½ pimentão vermelho (opcional; use o que você congelou)
- 1 dente de alho (use o que você refrigerou ou congelou)
- 3 colheres (sopa) de azeite extravirgem
- 1 pedaço pequeno de 3 cm de aipo (use o que você congelou)
- 150 mL de cerveja preta
- 1 colher (chá) de sal grosso
- 100 mL de passata de tomate
- Pão turco

Como fazer

1. Corte a costela em pedaços e tempere com tempero mágico.
2. Pique a cebola, o alho-poró, o pimentão e amasse o alho.
3. Em uma panela de pressão, coloque aos poucos a costela para dourar com azeite. Vá dourando e retirando da panela. Se precisar, acrescente azeite.
4. Devolva toda a carne para a panela, adicione todos os outros ingredientes, menos o pão, tampe e cozinhe por 50 minutos.
5. Retire a pressão, abra, veja se a carne está cozida e, se precisar, feche de novo e deixe cozinhar por mais 30 minutos (nesse caso, adicione antes meio copo de água e mexa).

Tire uma foto e poste nas redes sociais. Não há carência que sobreviva.

6. Quando a carne estiver pronta, coe o molho e desfie.

7. Acrescente a carne desfiada ao molho e recheie o pão. Você pode congelar a carne com molho, se sobrar.

GELEIA DE PIMENTA

Lista de compras

- 3 pimentas dedo-de-moça
- 1 maçã descascada e ralada em ralador fino
- 80 mL de suco de laranja-seleta
- 220 g de açúcar
- 170 mL de água

Como fazer

1. Pique a pimenta dedo-de-moça e descarte as sementes.

2. Descasque a maçã e rale bem fina.

3. Leve todos os ingredientes ao fogo baixo, até obter o ponto de geleia.

4. Pincele a geleia de pimenta no pão.

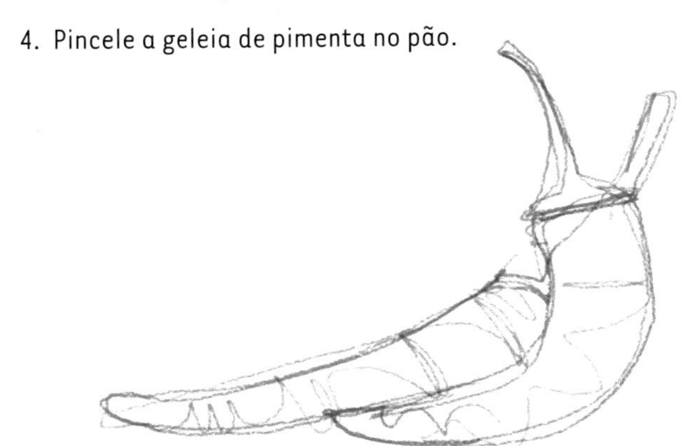

PÃO TURCO

Lista de compras

- 5 g de fermento biológico seco
- 125 mL de água morna
- 1 e ½ colher (sopa) de azeite
- 1 colher (sopa) de iogurte natural sem açúcar
- 225 g de farinha de trigo
- 5 g de sal
- Manteiga, azeite ou ghee para pincelar a frigideira

Como fazer

1. Misture o fermento com a água na bacia da batedeira.
2. Acrescente o azeite e o iogurte e mexa.
3. Adicione a farinha e o sal e comece a bater na batedeira com o batedor gancho ou amasse com a mão, até virar uma bola macia.
4. Transfira a massa para outra bacia e cubra com plástico-filme. Reserve por 40 minutos.
5. Em seguida, faça bolinhas e abra círculos com o rolo.
6. Aqueça uma chapa ou uma frigideira, unte com azeite ou ghee e deixe o pão dourar de um lado e, depois, do outro. Ele dura 7 dias na geladeira e pode ser congelado por 2 meses.

BOLINHAS ESTUFADAS DE BATATA-BAROA

Lista de compras

- 125 g de batata-baroa
- 45 g de polvilho azedo
- 1 colher (café) de sal
- ½ colher (café) de tempero mágico
- 1 colher (sopa) de óleo de coco
- Papel-manteiga ou tapete de silicone para forno

Como fazer

1. Ligue o forno a 200 °C.
2. Descasque e corte as batatas em rodelas grossas e cozinhe com água e sal. Escorra e seque.
3. Em uma vasilha, amasse as batatas ainda bem quentes até obter um purê e acrescente o polvilho, misturando bem.
4. Tempere com sal e tempero mágico e vá acrescentando o óleo aos poucos, até alcançar o ponto de enrolar.
5. Faça bolinhas e leve ao forno quente em uma assadeira forrada com papel-manteiga.
6. Depois de 5 minutos, diminua a temperatura para 160 °C e deixe por cerca de 10 minutos. As bolinhas vão estufar como se fossem pão de queijo.

ABOBRINHA ASSADA COM MOLHO DE TOMATE E BÚFALA

Lista de compras

- 2 abobrinhas
- 100 g de muçarela de búfala em bolinhas pequenas
- 300 mL de molho de tomate rápido (receita no capítulo "Dia nublado")
- Sal e pimenta
- 80 g de parmesão
- 2 colheres (sopa) de folhas de manjericão higienizadas

Como fazer

1. Lave, seque e corte as abobrinhas (com casca) em fitas finas, no sentido do comprimento, com um descascador. Pare quando chegar ao meio e descarte o retângulo central.

2. Ferva água em uma panela e coloque as fitas de abobrinha por 1 minuto. Escorra e ponha em uma vasilha com água e gelo. Escorra novamente e seque.

3. Enrole cada fita em uma bolinha de queijo, fazendo rolinhos. Ou faça uma lasanha com as fitas, se preferir.

4. Coloque o molho de tomate em um pirex, acrescente os rolinhos um ao lado do outro até completar o pirex.

5. Tempere tudo com sal, pimenta e acrescente o queijo parmesão.

6. Leve ao forno a 200 °C por 10 minutos para gratinar. Retire e acrescente as folhas de manjericão.

COXAS COM MOSTARDA, MEL E LARANJA (SEM TRABALHO!)

Lista de compras

- 6 coxas ou sobrecoxas de frango

Molho

- 3 dentes de alho amassados grosseiramente (use o que você refrigerou ou congelou)
- 1 colher (chá) de mostarda
- 2 colheres (sopa) de ketchup
- 2 colheres (sopa) de shoyu
- 3 colheres (sopa) de mel
- Suco de 1 laranja coado
- 1 colher (sopa) de azeite

Como fazer

1. Preaqueça o forno a 180 °C.
2. Misture todos os ingredientes do molho e coloque sobre o frango, já descongelado.
3. Reserve na geladeira por, no mínimo, 2 horas para apurar o sabor.
4. Leve ao forno por 50 minutos coberto com papel-alumínio.
5. Em seguida, aumente a temperatura para 200 °C, retire o papel e deixe por mais 15 minutos, até o molho engrossar e o frango dourar.

Dia da praia

Não sabemos se esse é seu caso, mas confessamos amar a praia.

Vamos menos do que gostaríamos, mas, quando vamos, é para recuperar o tempo perdido e matar saudades das amigas. Sem hora!

Então, todas as receitas podem ser feitas antes.

Aproveite seu dia até o último suspiro.

PEIXE TOSTADO, BATATAS COM LIMÃO E FAROFA DE COCO

Lista de compras

PEIXE

- 4 filés de peixe (viola, pescada, cherne, namorado, badejo...)
- Sal
- Pimenta-do-reino

PARA EMPANAR

- 200 g de farinha de rosca
- Sal
- 1 colher (café) de tempero mágico
- 2 claras de ovo
- 300 mL de azeite para fritar
- Suco de 1 limão
- 2 colheres (sopa) de galhinhos de coentro picados

BATATAS COM LIMÃO

- 4 batatas
- 1 limão-siciliano cortado em 4
- 1 colher (chá) de sal grosso

FAROFA DE COCO

- 2 colheres (sopa) de óleo de coco
- 1 cebola pequena picadinha
- 2 dentes de alho picadinhos (use o que você refrigerou ou congelou)
- 100 g de coco fresco ralado
- 200 g de farinha de mandioca flocada biju
- Sal e pimenta-do-reino

Como fazer

PEIXE

1. Lave o peixe e seque bem com papel-toalha. Tempere com sal e pimenta.
2. Misture a farinha de rosca com sal e tempero mágico.
3. Tempere as claras com sal e tempero mágico também.
4. Passe o peixe na clara, na farinha, na clara de novo e na farinha de novo (tire o excesso para ficar bem sequinho).
5. Frite em azeite, deixe escorrer em papel-toalha e reserve.
6. Ao degustar, acrescente o suco de limão e o coentro.

BATATAS COM LIMÃO

1. Em uma panela com água, sal e limão, cozinhe as batatas descascadas, cortadas ao meio.
2. Retire e escorra.
3. Reserve na geladeira em uma vasilha, com papel-toalha em cima e embaixo delas.

FAROFA

1. Aqueça o óleo em uma frigideira, adicione a cebola, o alho e depois o coco.
2. Deixe dourar um pouco e adicione a farinha. Mexa até ela dourar.
3. Acrescente o sal e a pimenta.

COUSCOUS VERDE

Lista de compras

- 3 colheres (sopa) de couscous marroquino
- 1 xícara de água ou caldo de legumes (receita no capítulo "Dia da organização")
- ½ cebola média
- 2 maços de salsa
- ½ maço de hortelã picada
- 100 g de tomate-cereja cortado em cubinhos
- Sal e pimenta-do-reino

MOLHO

- 3 colheres (sopa) de azeite
- 2 colheres (sopa) de limão
- 1 colher (sopa) de melado de romã (opcional)

Como fazer

1. Em uma vasilha, hidrate o couscous com água ou caldo quente.
2. Solte o couscous com um garfo.
3. Cubra com plástico-filme e reserve por 30 minutos. Após esse tempo, se ainda sobrar líquido, deixe escorrer em uma peneira.
4. Pique a cebola.
5. Corte as ervas com tesoura para não ficarem escuras.
6. Coloque a cebola picada por 1 hora em água com gelo e depois escorra e seque. Reserve.
7. Faça o molho com o azeite e o limão e, se tiver, o melado.
8. Misture tudo: salsa, hortelã, cebola, tomate, couscous e molho.
9. Acerte sal e pimenta.

SALADA COLORIDA COM SALMÃO DEFUMADO

Lista de compras

- 10 ovos de codorna cozidos
- 1 pimentão vermelho orgânico (use o que você congelou)
- 1 pimentão amarelo orgânico (use o que você congelou)
- 2 maços de rúcula (de preferência a selvagem)
- 60 g de massa tipo conchinha pequena
- 1 colher (sopa) de azeite para colocar na massa
- 200 g de ervilha congelada
- 1 pedaço de aipo de 3 cm
- 200 g de tomate-cereja ou grape
- 100 g de salmão defumado cortado em fatias finas

MOLHO

- 12 talos de cebolinha cortados em rodelinhas finas
- 8 colheres (sopa) de vinagre de framboesa
- 3 colheres (sopa) de mostarda tipo Dijon
- 1 xícara de azeite
- 3 colheres (sopa) de alcaparra

Como fazer

1. Em uma panela, cozinhe os ovos por 4 minutos, contados após a água ferver. Em seguida, molhe em água fria, seque e descasque. Reserve.

2. Corte os pimentões em cubinhos (descarte a parte branca e as sementes).

3. Higienize as folhas, seque e reserve.

4. Em uma panela com água, cozinhe a massa até ela ficar *al dente*, escorra, adicione azeite e reserve.

5. Em outra panela com água, cozinhe a ervilha e o aipo. Escorra e descarte o aipo.

6. Misture os ovos, os tomates cortados ao meio, os pimentões picados, o salmão, a ervilha e a massa.

7. Misture todos os ingredientes do molho. Reserve na geladeira.

8. Acrescente o molho e a rúcula à salada na hora de degustar.

ROSBIFE RÁPIDO E SALADA DE BATATA TRADICIONAL

Lista de compras

ROSBIFE

- 500 g de filé-mignon
- Pimenta-do-reino ou tempero mágico
- 1 colher (sopa) de manteiga ou 2 colheres (sopa) de azeite
- 1 galhinho de alecrim
- 3 dentes de alho (use o que você refrigerou ou congelou)
- Sal

SALADA DE BATATA

- 500 g de batata
- Sal

MOLHO

- 150 g de maionese
- 1 colher (chá) de cebola ralada
- 1 colher (café) de mostarda Dijon
- Pimenta-do-reino
- 1 colher (sopa) de cebolinha

Como fazer

ROSBIFE

1. Tempere a carne com o tempero mágico ou a pimenta e reserve coberta, na geladeira, por 1 hora.
2. Em uma frigideira, coloque a gordura, o alecrim, o alho inteiro amassado e deixe aquecer.
3. Acrescente o filé, tempere com sal e deixe dourar dos dois lados.
4. Em seguida, embrulhe em papel-alumínio por 15 minutos.
5. Fatie o mais fino que puder e reserve na geladeira.

SALADA DE BATATA E MOLHO

1. Cozinhe as batatas com casca em água e sal por, aproximadamente, 20 minutos (o tempo vai variar conforme o tamanho das batatas).
2. Descasque e corte em fatias finas. Reserve.
3. Em uma vasilha, misture a maionese, a cebola, a mostarda e tempere com pimenta.
4. Adicione as batatas, a cebolinha cortada em rodelas e misture com cuidado. Guarde na geladeira, em um pote fechado.

EMPADINHAS DE BATATA-DOCE E POLVILHO AZEDO

Lista de compras

MASSA

- 240 g de batata-doce ou 1 batata-doce média (pese com a casca)
- ½ colher (café) de sal
- ½ colher (café) de tempero mágico
- 1 colher (sopa) de azeite
- 2 colheres (sopa) de polvilho azedo

RECHEIO

- ½ abóbora japonesa
- 2 colheres (sopa) de azeite
- Sal
- 1 pedaço de aipo de 3 cm (para cozinhar as ervilhas)
- 60 g de ervilhas congeladas
- 3 colheres (sopa) de alho-poró picado
- Pimenta-do-reino
- 2 colheres (sopa) de salsa picada
- 80 g de cogumelo-de-paris
- 60 g de muçarela fatiada
- 40 g de parmesão
- Azeite para pincelar as forminhas

Como fazer

1. Aqueça o forno a 200 °C.
2. Descasque as batatas, corte ao meio e cozinhe com água e sal.
3. Escorra, amasse ainda quentes, adicione o tempero mágico e o azeite.

4. Em seguida, acrescente o polvilho azedo e misture bem.
5. Pincele as forminhas de inox com azeite e preencha com a massa. Leve ao forno por 20 minutos. Retire e deixe a massa esfriar.
6. Extraia as sementes da abóbora e coloque a abóbora com casca em um prato fundo, com 150 mL de água.
7. Acrescente um fio de azeite sobre ela e leve ao micro-ondas por 20 minutos ou asse no forno por 40 minutos, envolta em papel-alumínio.
8. Retire o miolo da abóbora cozida e amasse com 1 colher de azeite e um pouco de sal.
9. Em uma panela, ferva a água, o sal e o aipo. Após ferver, acrescente as ervilhas e deixe cozinhar até estarem *al dente*. Desligue e escorra. Descarte o aipo.
10. Em uma frigideira, murche o alho-poró em um pouco de azeite. Reserve.
11. Aqueça de novo a mesma frigideira, coloque um fio de azeite e acrescente os cogumelos cortados em 6 pedaços. Deixe dourar e junte o alho-poró. Tempere com sal e pimenta.
12. Misture a abóbora, a salsa, a ervilha, os cogumelos e recheie as empadinhas.
13. Acrescente os queijos e leve para gratinar no forno quente, em tabuleiro pincelado com azeite.

E vamos de trufas incríveis... Comemos, sozinhas, essa receita, mas dá para congelar... E só porque hoje nem todo mundo está feliz, tem chai para levantar o moral e arroz de pato para aquele jantar inesquecível.

CHAI DE COCO

Lista de compras

- 1 cravo-da-índia
- 1 canela em pau
- 1 grão de pimenta-do-reino
- 2 bagas de cardamomo
- 2 g de gengibre ralado fresco (use o que você congelou)
- 120 mL de água filtrada
- 1 pitada de noz-moscada
- 1 pitada de cúrcuma
- 1 saquinho de chá preto inglês
- 150 mL de leite de coco (use o que você congelou)
- Adoce como preferir (mel, açúcar mascavo, demerara, branco etc.)

Como fazer

1. Coloque tudo em uma panela, menos o chá, e deixe cozinhar em fogo médio até levantar fervura.
2. Desligue o fogo, acrescente o chá, tampe a panela e aguarde 5 minutos.
3. Coe e adoce como preferir. Sirva quente ou gelado.

Use e abuse do gengibre! Ele alivia náuseas e enjoos, melhora a digestão, tem efeito anti-inflamatório e termogênico e ainda ajuda no controle da glicose.

CREME DE LEGUMES, GENGIBRE E SEMENTES DE ABÓBORA

Lista de compras

- 2 batatas-baroa
- 1 cenoura
- ½ colher (café) de tempero mágico
- 1 pedaço de 2 cm de gengibre fresco (use o que você congelou)
- ½ colher (café) de sal grosso
- ½ alho-poró (use o que você congelou)
- 1 pedaço de aipo de 2 cm (use o que você congelou)
- 300 mL de água ou caldo (receita no capítulo "Dia da organização")
- 1 colher (sopa) de azeite
- Sementes de abóbora tostadas no forno

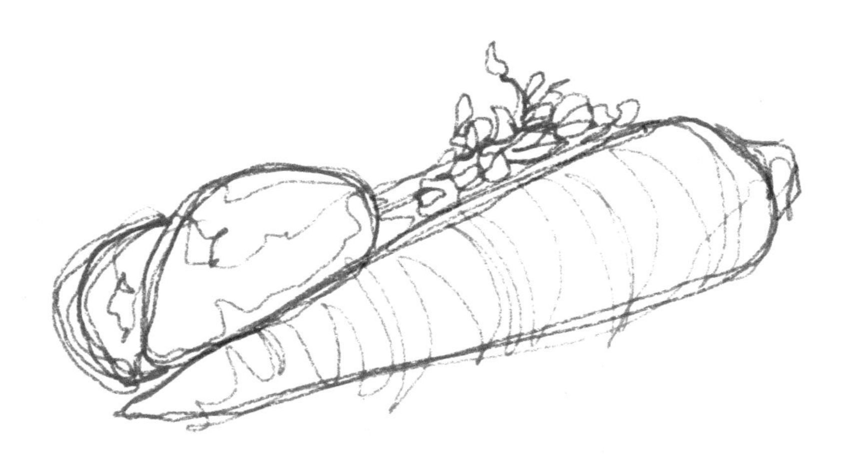

Como fazer

1. Descasque a cenoura e as batatas, lave e corte em pedaços médios.

2. Leve para cozinhar em panela meio aberta, com água suficiente para cobrir os legumes, tempero mágico, gengibre e sal. Quando os legumes estiverem macios, desligue.

3. Bata tudo no liquidificador ou use um mixer até virar um creme. Acrescente o líquido aos poucos para o creme não ficar ralo nem consistente demais.

4. Finalize com azeite e acerte o sal. Deguste com as sementes de abóbora.

As sementes de abóbora são ricas em ferro, potássio e magnésio, têm propriedades antioxidantes, anti-inflamatórias, antifúngicas, antivirais, antibacterianas e anti-helmínticas.

ARROZ DE PATO

Lista de compras

- 1 cebola média
- ¼ de alho-poró (use o que você congelou)
- 2 dentes de alho
- ½ pato (inteiro ou em pedaços)
- 2 colheres (café) rasas de sal grosso
- 1 galho de tomilho
- 1 colher (chá) de tempero mágico
- 400 mL de água ou caldo de legumes (receita no capítulo "Dia da organização")
- 1 folha de louro
- ½ embalagem de chouriço português ou linguiça fina de porco
- 70 g de bacon
- 100 mL de gordura para dourar as carnes e fazer o arroz (use gordura de pato, gordura de bacon ou azeite)
- 1 xícara de arroz branco
- 3 colheres (sopa) de salsa
- 1 e ½ xícara de caldo do cozimento do pato
- Raspas de laranja para finalizar
- 1 colher (sopa) de coentro

Como fazer

1. Pique a cebola, o alho-poró e amasse os dentes de alho.
2. Corte o pato em pedaços, retire a pele, tempere com 1 colher de sal, tomilho, tempero mágico e coloque na panela de pressão com água (ou caldo), louro, metade da cebola e 1 dente de alho. Depois que a pressão iniciar, aguarde 30 minutos e desligue.
3. Retire o pato da panela e desfie. Coe e reserve o caldo.

4. Corte o chouriço ou a linguiça em rodelas e o bacon em pedaços pequenos. Doure os dois em um pouco de gordura.
5. Acrescente o pato desfiado e, em seguida, deixe tudo escorrer em uma peneira para retirar o excesso de gordura.
6. Em outra panela, doure o restante da cebola, o alho e o alho-poró picados em um pouco de gordura.
7. Adicione o arroz, 1 colher de sal e refogue.
8. Junte metade das carnes, uma parte da salsa e o caldo do cozimento do pato. Quando o arroz estiver quase totalmente cozido, mas ainda com um pouco de caldo, acrescente a outra metade das carnes. Se for necessário, coloque mais caldo.
9. Acrescente raspas de laranja, coentro e salsa ao degustar.

Se quiser impressionar, frite em azeite mais um pouco de alho-poró cortado em rodelas fininhas (seque bem em papel-toalha) e coloque sobre o arroz quando estiver pronto.

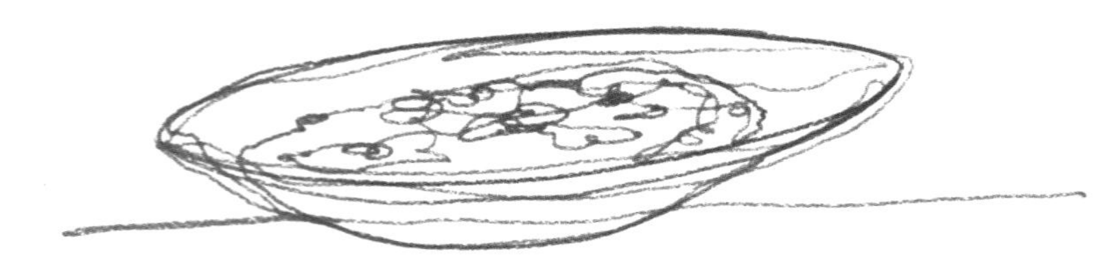

TRUFAS DE NUTS

Receita irresistível, cheia de fibras e nutrientes, com o bônus de contribuir para a saciedade!

Lista de compras I

- 100 mL de óleo de coco
- 3 colheres (sopa) de melado
- 100 g de cacau ou chocolate em pó

Lista de compras II

- 300 g de aveia em flocos
- 45 g de semente de chia
- 45 g de semente de linhaça
- 45 g de semente de girassol
- 200 g de farinha de amêndoas
- 75 g de castanha-de-caju picada

MONTAGEM

- Melado
- Cacau ou chocolate em pó

Como fazer

1. Preaqueça o forno a 160 °C.
2. Em uma panela, aqueça o óleo e o melado, desligue e misture o cacau.
3. Acrescente todos os ingredientes da lista II e misture bem.
4. Coloque a mistura em um tabuleiro forrado com papel antiaderente e leve ao forno por 20 minutos.
5. Em seguida, misture 1 e ½ colher (chá) de melado para cada 3 colheres (sopa) da mistura do forno.
6. Faça bolinhas e passe no cacau ou chocolate em pó. Sorria!

Dia dos amigos

Este dia não podia faltar. Estamos sorrindo só de imaginar a bagunça!

Para nós, o mais importante é que este dia seja farto e que quase toda a comida seja preparada na véspera. Afinal... precisamos colocar o papo em dia.

Amamos nossos amigos e é uma alegria satisfazer seus desejos. Nos sentimos fadas e eles, nossos reis e rainhas. Por isso, as receitas parecem "desgovernadas", mas... são as que eles querem!

PORCO AO ABACAXI

Lista de compras

- 3 xícaras de suco de abacaxi (feito com a fruta e um pouco de água – a fruta pode ser congelada) – Calcule 1 abacaxi inteiro, incluindo as rodelas desta lista
- 1 kg de lombo de porco com capa de gordura
- 1 colher (café) cheia de tempero mágico
- 2 colheres (sopa) de azeite
- 1 cebola pequena picada
- 2 dentes de alho amassados
- 2 folhas de louro
- 1 pedaço de 3 cm de gengibre fresco ralado
- 3 rodelas de abacaxi cortadas em pedaços médios
- 1 colher (sopa) rasa de sal
- 1 colher (sopa) de manteiga gelada
- 1 colher (sopa) de maisena ou araruta

Como fazer

1. Faça o suco e coe.
2. Tempere o lombo com o tempero mágico e reserve por 30 minutos.
3. Em uma panela, aqueça o azeite e doure o lombo com a gordura para baixo e, depois, o outro lado.
4. Junte a cebola, o alho, o louro, o gengibre, o abacaxi, o sal e o suco. A carne tem de ficar coberta com o líquido; se for necessário, acrescente água.
5. Deixe em fogo médio por 50 minutos, com a panela tampada. Verifique se a carne já está cozida espetando com uma faca fina. Se estiver, retire apenas ela da panela.

6. Destampe a panela e deixe o molho reduzir até ficar com apenas 3 cm de altura.

7. Coe o molho e devolva para o fogo com a manteiga e, se necessário, acrescente a maisena para engrossar um pouco (dissolva antes em um pouco de água).

8. Fatie o porco e coloque no molho. Sirva com pão.

Carne com abacaxi é uma ótima combinação! A bromelina presente no abacaxi auxilia na digestão da proteína!

PÃO TIPO SUECO

Lista de compras

- 40 g de farelo grosso de aveia
- 20 g de gergelim tostado
- 50 g de farinha de sorgo
- 30 g de farinha de trigo-sarraceno
- 1 colher (café) de tempero mágico
- ½ colher (café) de sal
- 100 mL de água
- 2 colheres (sopa) de azeite

Este pão é bem fininho e crocante, como um biscoitinho.

Como fazer

1. Processe rapidamente a aveia no pulsar do liquidificador.

2. Coloque o gergelim na frigideira, sem gordura, e mexa até dourar. Reserve.

3. Misture as farinhas, o tempero mágico e o sal.

4. Acrescente a água e o azeite e deixe descansar na geladeira por 30 minutos.

5. Abra a massa entre 2 folhas de papel antiaderente, com a ajuda de um rolo. Ajeite as bordas de modo a obter um retângulo.

6. Coloque a massa com papel antiaderente em uma assadeira e retire apenas o papel da parte superior. Leve a assadeira ao forno por 20 minutos, a 180 °C.

7. Retire o pão do forno e vire em outra assadeira forrada com papel antiaderente.

8. Descarte o papel da parte superior e leve o pão novamente ao forno por mais 20 minutos, a 220 °C. Ele pode ser congelado por 3 meses.

SALMÃO CURADO

Lista de compras

- 1 kg de filé de peixe com pele, sem espinhas
- Suco de ½ limão
- 1 colher (sopa) de conhaque ou uísque
- 1 colher (sopa) de azeite
- 1 colher (sopa) de pimenta-branca ou preta quebrada
- 1 xícara de açúcar branco
- ½ xícara de açúcar mascavo
- ⅓ de xícara de sal refinado

Como fazer

1. Seque bem o peixe com papel-toalha.

2. Em uma vasilha, coloque o limão, o conhaque e o azeite. Com esse líquido, pincele os dois lados do salmão três vezes e coloque a pimenta.

3. Em outra vasilha, misture os açúcares e o sal. Cubra o peixe com essa mistura e embrulhe bem com plástico-filme.

4. Coloque o peixe embalado em cima de uma grade, dentro de um tabuleiro. Faça furinhos no plástico-filme apenas no lado da pele do peixe, para facilitar a saída do líquido do processo de cura.

5. Coloque um peso sobre o salmão (como um saco de arroz de 5 kg ou similar envolto em plástico-filme).

6. Deixe o peixe na geladeira durante 3 dias, virando-o uma vez por dia.

7. Retire o peixe da geladeira, lave para remover todos os temperos da superfície, seque com papel-toalha e fatie. Ele está pronto para ser consumido ou congelado.

Esta receita combina com creme de leite fresco batido com limão, pão de especiarias e conserva de beterraba.

PÃO DE ESPECIARIAS

Lista de compras

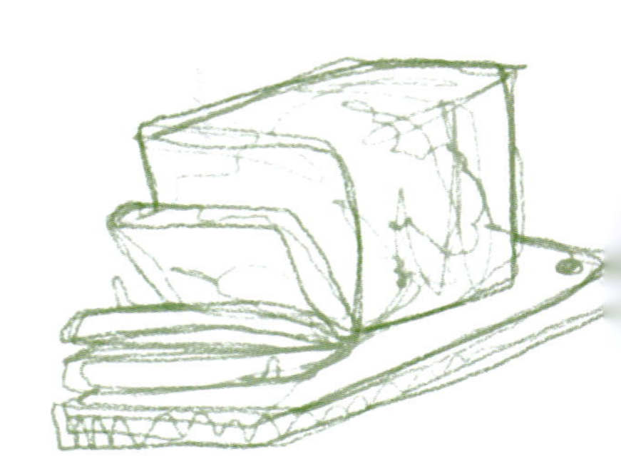

- 175 g de mel
- 50 g de açúcar mascavo
- 3 g de sal
- 1 ovo
- 30 mL de óleo
- 2 g de canela em pó
- 1 g de pimenta-do-reino
- 1 g de pimenta-da-jamaica
- 1 g de gengibre em pó
- 70 g de nozes
- 65 mL de água
- 2 g de bicarbonato de sódio
- 200 g de farinha de trigo

Como fazer

1. Misture o mel, o açúcar mascavo, o sal, o ovo, o óleo, as especiarias e as nozes picadas.
2. Em outra vasilha, misture a água com o bicarbonato e junte à mistura do passo anterior.
3. Peneire a farinha e adicione à mistura.
4. Coloque tudo em um tabuleiro untado com manteiga e farinha. Leve ao forno por 15 a 20 minutos, a 160 °C.
5. Corte em quadrados. Este pão pode ser congelado.

CONSERVA DE BETERRABA

Lista de compras

- 1 beterraba crua e descascada
- ½ colher (sopa) de raiz-forte (wasabi em pó ou pasta)
- ½ colher (sopa) de açúcar branco ou demerara
- 20 mL de saquê Mirin

Como fazer

1. Rale a beterraba crua e coloque em uma vasilha.
2. Acrescente a raiz-forte, o açúcar e o saquê Mirin.
3. Leve ao micro-ondas por 1 minuto e, em seguida, guarde na geladeira em pote fechado por até 7 dias. Utilize a conserva gelada para acompanhar o peixe curado.

CAMARÃO SALTEADO OU COZIDO

Lista de compras

- Camarão médio com ou sem casca
- Azeite

Como fazer

1. Lave o camarão, retire a casca, limpe e seque.
2. Aqueça o azeite na frigideira e acrescente o camarão.
3. Deixe por 3 minutos ou até ele ficar rosado e desligue.
4. Espere esfriar um pouco e congele ou escalde o camarão em água fervente por 3 minutos.
5. Deixe escorrer bem, espere esfriar um pouco e congele. Sirva com molho agridoce.

Descongele sempre o camarão em uma vasilha com água e 1 colher (sopa) de sal grosso. Depois, deixe escorrer e seque, assim ele sempre ficará durinho e com frescor!

Um quilo descongela em, no máximo, 1 hora no verão. Se você comprar camarão fresco e não tiver intenção de cozinhar imediatamente, reserve na geladeira em uma vasilha com água, gelo e 1 colher (sopa) de sal grosso.

MOLHO AGRIDOCE

Lista de compras

- 130 mL de passata de tomate
- 180 g de abacaxi (pode ser o que você congelou)
- 120 mL de vinagre de arroz
- 80 mL de água
- 2 colheres (sopa) de molho de soja
- 100 g de açúcar demerara
- 1 colher (café) de ágar-ágar ou farinha de araruta (caso você deseje agilizar)

Como fazer

1. Coloque a passata em uma frigideira e leve ao fogo. Deixe reduzir até parecer um extrato de tomate.
2. No liquidificador, bata o abacaxi com o vinagre, a água e coe.
3. Acrescente à passata da frigideira, adicione o molho de soja, o açúcar e o ágar-ágar. Deixe ferver até engrossar e desligue. Para servir, não se esqueça de fazer arroz branco ou de jasmim como acompanhamento. Reserve o molho na geladeira por 7 dias ou

congele por 2 meses. Ele pode ser consumido pronto ou usado no preparo de frango, porco, camarão, peixe em cubos, ou acompanhar pastéis orientais.

COOKIES SUPERCROCANTES E DURADOUROS

Lista de compras

- 60 g de farelo grosso de aveia
- 30 g de chocolate meio amargo
- 30 g de açúcar mascavo
- 40 g de açúcar demerara
- 35 g de óleo de coco
- ½ colher (café) de extrato de baunilha
- 1 ovo pequeno (45 g)
- 35 g de farinha de sorgo
- ½ colher (chá) de bicarbonato
- 1 pitada de sal

Estes cookies são cheios de ingredientes do bem, são para comer e ser feliz!

Como fazer

1. Processe rapidamente a aveia no pulsar do liquidificador.
2. Pique o chocolate em pedaços bem pequenos.
3. Misture os açúcares com o óleo de coco e o extrato de baunilha.
4. Acrescente o ovo e, em seguida, os outros ingredientes. Reserve por 30 minutos na geladeira.
5. Faça bolinhas médias e coloque em uma assadeira forrada com papel-alumínio. Leve ao forno a 180 °C por 20 minutos ou até perderem o brilho. Retire e deixe esfriar para endurecerem. A massa pode ser congelada crua, já com as bolinhas formadas.

Dia do churrasco

Pois é... Já sabemos quais serão as carnes.

Mas, hoje, você precisa inovar e ter para sempre um churrasco para chamar de seu!

AZEITE DE TAPENADE

Lista de compras

- 150 g de azeitonas pretas sem caroços
- 1 colher (sopa) de alcaparra
- 2 filetes de aliche em conserva
- 1 colher (chá) de suco de limão coado
- 150 mL de azeite extravirgem
- ½ colher (café) de pimenta-do-reino moída na hora
- 1 colher (chá) de tomilho fresco (só as folhinhas)
- 1 dente de alho pequeno cozido

Como fazer

1. Lave as azeitonas e as alcaparras e seque.
2. Passe o aliche pelo amassador de alho para reter as espinhas.
3. Coloque tudo no processador até obter uma pastinha.
4. Passe em baguetes e leve à churrasqueira antes de servir.

PÃO DE LINGUIÇA DE MÁQUINA E MANTEIGA DE LIMÃO

Lista de compras

PÃO

- 260 mL de água
- 2 colheres (sopa) de leite em pó
- 2 colheres (sopa) de açúcar
- 1 colher (chá) de sal
- 3 colheres (sopa) de manteiga

- 460 g de farinha de trigo branca tipo 00
- 2 e ½ colheres (chá) de fermento seco biológico
- 100 g de linguiça fina
- 2 colheres (sopa) de azeite para a linguiça

MANTEIGA DE LIMÃO

- 500 mL de creme de leite fresco gelado (é vendido nos supermercados)
- Água gelada
- Plástico-filme
- 1 colher (sopa) de suco de limão verde ou amarelo
- 1 colher (chá) de raspas de limão

Sabe quando você erra o ponto do chantili e ele vira manteiga? Então, é isso que vamos fazer.

Como fazer

PÃO

1. Coloque os ingredientes na máquina de pão, na seguinte ordem: água, leite em pó, açúcar, sal e manteiga. Acrescente a farinha e o fermento seco biológico.
2. Corte a linguiça em rodelas e frite em uma frigideira, com um pouco de azeite. Deixe escorrer e seque com papel-toalha.
3. Quando terminar o primeiro tempo de fermentação do pão na máquina, acrescente a linguiça já pronta.
4. Sirva o pão com manteiga de limão.

MANTEIGA DE LIMÃO

1. Em uma batedeira, coloque o creme de leite gelado e bata até que a gordura se separe do líquido. É importante usar um protetor na batedeira para não espalhar a sujeira ou usar um mixer em uma vasilha com plástico-filme, com um espaço para o mixer.

2. Lave essa manteiga com a água gelada em uma tigela e escorra.
3. Acrescente o suco de limão coado, as raspas e misture bem com uma espátula. Você pode guardar a manteiga na geladeira ou embrulhá-la em formato de cilindro com plástico-filme e congelar. Quando precisar, corte rodelas e utilize.

Se quiser preparar a manteiga de limão com uma manteiga que você comprou, também vai dar certo e é mais rápido. Acrescente o suco de limão coado, as raspas e misture bem com uma espátula.

SALADA DE BATATA E MAIS UM POUCO

Lista de compras

SALADA

- 1 pedaço de 5 cm de aipo
- 2 maçãs vermelhas ou verdes
- 1 lata de milho
- 200 g de ervilha congelada
- Sal
- 4 batatas grandes com casca

MOLHO

- 400 g de creme de leite fresco
- Suco de 1 limão coado
- 1 colher (sobremesa) de mostarda
- Sal e pimenta-preta moída na hora

Como fazer

1. Para fazer o molho, misture o creme de leite, o suco de limão, a mostarda e tempere com sal e pimenta. Prove! Se for necessário, acrescente limão para ter a acidez necessária.
2. Higienize o aipo, retire os fiapos e fatie finamente.
3. Descasque as maçãs e corte em cubos.
4. Escorra a água do milho e lave os grãos em água filtrada. Seque bem.
5. Cozinhe as ervilhas em água e sal até estarem macias, mas não moles demais. Deixe escorrer bem.
6. Cozinhe as batatas com água e sal. Escorra, retire a casca e corte em rodelas não muito finas.
7. Misture as batatas ainda quentes com o molho. Ao misturar com os outros ingredientes, elas vão se quebrando. Refrigere.

SALADA VERDE COM PESTO DE BASÍLICO E SALSA

Lista de compras

- 1 dente de alho
- ½ colher (café) de sal
- 150 mL de azeite extravirgem
- ½ colher (café) de pimenta-do-reino
- ½ xícara de basílico (manjericão de folha grande)
- ½ xícara de salsa
- 60 g de parmesão
- 50 g de castanha-do-pará (opcional, não use se for congelar)
- Folhas verdes para a salada

Como fazer

1. Cozinhe o alho (pode ser com casca) por 15 minutos em uma panela com água. Descasque e seque.
2. Coloque o alho, o sal, o azeite e a pimenta no liquidificador e bata até formar uma pasta.
3. Acrescente as ervas, junte o queijo e as castanhas e misture. Verifique o sal. O pesto dura 5 dias na geladeira, em pote fechado. Acompanhe com salada de folhas verdes e pipoca de quinoa.

PIPOCA DE QUINOA

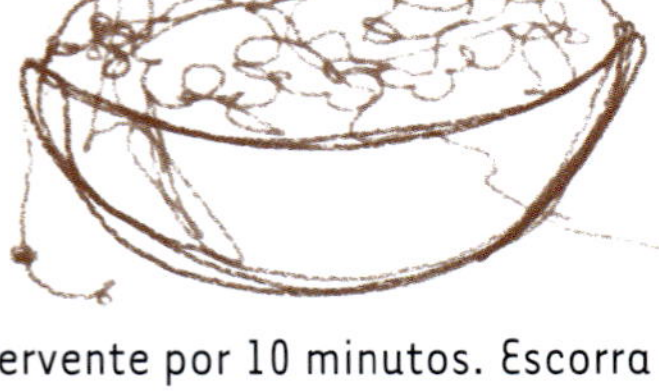

Lista de compras

- 100 g quinoa
- 200 mL de azeite
- Flor de sal

Como fazer

1. Cozinhe a quinoa em água fervente por 10 minutos. Escorra em uma peneira.
2. Aqueça o azeite em uma frigideira e frite a quinoa. Tampe a frigideira porque a quinoa pipoca.
3. Deixe dourar e escorra em uma peneira até ela ficar sequinha. Tempere com sal.

FAROFA DE BANANA COM CASTANHAS

Lista de compras

- 1 xícara de castanha-de-caju
- 2 dentes de alho
- 2 colheres (sopa) de azeite
- ½ colher (chá) de tempero mágico
- 2 xícaras de farinha de mandioca flocada
- Sal
- ½ banana-prata

Como fazer

1. Em uma frigideira, coloque as castanhas picadas grosseiramente e deixe dourar levemente. Reserve.
2. Doure levemente no azeite o alho amassado, acrescente o tempero mágico, a farinha e o sal. Mexa até a farinha ficar bem dourada. Em seguida, junte as castanhas.
3. Em outra frigideira, coloque um fio de azeite e a banana em rodelas. Vire a banana assim que ela dourar levemente e deixe dourar do outro lado. Retire e deixe esfriar. Acrescente à farofa pronta.

CHUTNEY DE PERA E CAPIM-LIMÃO

Lista de compras

- 3 peras cortadas em quadrados, ainda firmes
- 150 mL de vinagre de arroz
- 100 g de açúcar demerara
- 1 talo de capim-limão
- ½ colher (sopa) de pimenta rosa

Como fazer

1. Descasque as peras e retire miolo com caroços.
2. Ferva o vinagre com o açúcar e o capim-limão por 10 minutos, até formar uma calda fina.
3. Acrescente os outros ingredientes e deixe em fogo baixo por mais 15 minutos ou até a fruta estar cozida, mas firme. Descarte o capim-limão antes de envasar.

CHUTNEY DE AMEIXA-PRETA

Lista de compras

- 125 g de ameixa-preta sem caroço
- 50 mL de água
- 25 mL de suco de laranja
- 35 g de açúcar branco ou demerara
- 10 g de gengibre
- 1 pau de canela
- 1 cravo-da-índia

Como fazer

1. Leve as ameixas com a água e o suco de laranja ao fogo médio.
2. Acrescente o açúcar e os outros ingredientes. Deixe reduzir por 20 minutos.
3. Separe as ameixas e coe o caldo.
4. Junte as ameixas e o caldo coado e processe. Sirva com frios ou carne de porco.

Sirva os chutneys em uma mesa com vários queijos.

COMPOTA DE MELÃO

Lista de compras

- 500 g de melão sem casca e sementes, cortado em pedaços
- 250 g de açúcar branco (por se tratar de uma compota clara, o demerara a "mancharia" um pouco)
- 1 pau de canela de 4 cm

Como fazer

1. Descasque o melão, retire as sementes e descarte.
2. Corte o melão em pedaços pequenos, coloque em uma vasilha, acrescente o açúcar e o pau de canela e reserve na geladeira em um pote fechado com tampa, de um dia para o outro; isso vai produzir a água necessária para fazer o preparo.
3. Retire da geladeira, misture tudo e leve ao fogo baixo. Mexa de vez em quando, até alcançar o ponto desejado (cerca de 1 hora). O melão fica transparente.

Sempre temos alguém a quem mimar.

E nada melhor que umas delícias para o café da manhã ou para o lanche, não é?

SUCO DE UVA E ÁGUA DE COCO

Lista de compras

- 400 mL de água de coco
- 1 xícara de uva verde sem caroço
- ½ xícara de uva preta sem caroço
- Gelo a gosto

Como fazer

1. Bata tudo no liquidificador, menos o gelo, e coe.
2. Acrescente bastante gelo.

GRANOLA COM IOGURTE

Lista de compras

GRANOLA

- ⅓ de xícara de aveia em flocos finos
- 2 colheres (sopa) de linhaça
- 3 colheres (sopa) de coco ralado
- 3 colheres (sopa) de mel
- 2 colheres (sopa) de óleo de coco
- 50 g de castanha-do-pará
- 50 g de castanha-de-caju
- 30 g de tâmara picada
- 30 g de damasco seco picado
- 30 g de uva-passa sem caroço

IOGURTE

- 1 L de leite integral fresco
- 200 g de iogurte natural integral sem açúcar

Como fazer

GRANOLA

1. Em um recipiente, misture todos os ingredientes, exceto a tâmara, o damasco e a uva-passa.
2. Coloque em uma assadeira e leve ao forno preaquecido a 180 °C por 20 minutos, mexendo a granola na metade do tempo.
3. Deixe esfriar bem, acrescente a tâmara, o damasco e a uva-passa, e guarde em um pote com boa vedação.

IOGURTE

1. Ferva o leite e deixe esfriar até 45 °C (morno).
2. Acrescente o iogurte e misture.
3. Coloque em potinhos com tampa e reserve de 8 a 12 horas, dentro do forno desligado (considere temperatura ambiente).
4. No dia seguinte, separe 1 xícara do iogurte pronto para fazer outros e guarde na geladeira, em pote fechado, por até 10 dias.
5. Adoce, acrescente frutas e/ou granola antes de consumir, se desejar.

PANQUECAS DE DESENHO ANIMADO (AQUELAS BEM ALTAS, COM MEL...)

Lista de compras

- 4 ovos
- 2 xícaras de leite integral
- 6 colheres (sopa) de manteiga derretida
- 1 colher (chá) de extrato de baunilha
- 3 xícaras de farinha de trigo
- 5 colheres (sopa) de açúcar demerara
- 1 pitada de sal
- ½ colher (café) de bicarbonato de sódio
- 4 colheres (chá) de fermento químico (aquele que usamos em bolos)
- Manteiga para untar a frigideira

Como fazer

1. Misture os ovos, o leite, a manteiga e a baunilha com um fouet. Não bata muito.

2. Acrescente a farinha peneirada, o açúcar, o sal e misture de novo. Em seguida, adicione o bicarbonato e o fermento.

3. Aqueça uma frigideira (de preferência, aquelas que não grudam) e derreta 1 colher (café) de manteiga, mas não deixe dourar.

4. Acrescente 1 concha do creme e, quando começar a formar bolhas, vire e deixe dourar do outro lado. Fica muito bom com mel ou geleia.

A massa pode ser guardada na geladeira por 2 dias.

BOLO DE AIPIM PARA IMPRESSIONAR

Lista de compras

- 2 ovos
- 1 e ½ xícara de açúcar
- 160 g de manteiga
- 2 xícaras de aipim ralado fresco ou congelado
- 100 g de coco ralado fresco ou congelado
- ½ xícara de farinha de trigo
- 1 colher (sopa) de fermento químico

Sirva com uma caldinha de laranja, capim-limão e gengibre.

Como fazer

1. Bata as gemas com o açúcar e a manteiga na batedeira, até o creme ficar homogêneo.
2. Acrescente o aipim e o coco, em seguida a farinha, o fermento e, por último, as claras em neve.
3. Unte uma fôrma redonda de 24 cm com manteiga e farinha.
4. Asse o bolo por 30 minutos em forno preaquecido a 180 °C. Em seguida, deixe por mais 20 minutos a 200 °C ou até dourar. Ele pode ser congelado por até 3 meses.

Dia nublado

Dias assim são bons para ver um filme, namorar, tomar uma sopinha e comer um bolo com recheio!

CREME DE ABÓBORA COM TOPPINGS

Lista de compras

- 1 cebola média
- 1 xícara de abóbora-moranga descascada
- ½ xícara de cenoura descascada
- 1 pedaço de 2 cm de gengibre fresco (use o que você congelou)
- ½ colher (café) de sal
- 300 mL de água ou caldo (receita no capítulo "Dia da organização")
- 1 colher (sopa) de manteiga ou azeite

Como fazer

1. Descasque e lave a cebola, a abóbora e a cenoura e corte em pedaços médios.
2. Cozinhe com água suficiente para cobrir os legumes, em panela meio aberta, com o gengibre e o sal. Quando os legumes estiverem macios, desligue o fogo.
3. Bata tudo no liquidificador ou use um mixer até virar um creme.
4. Acrescente o líquido aos poucos, para não ficar ralo nem consistente demais.
5. Finalize com o azeite ou a manteiga e acerte o sal.
6. Deguste com um dos toppings.

Toppings para colocar na sopa: sementes de abóbora tostadas no forno, lascas de coco desidratadas, carne-seca, cebola fatiada dourada no azeite, couve-portuguesa frita, pipoca de quinoa.

A abóbora e outros alimentos de cor laranja são ricos em carotenoides, substâncias que ajudam a manter o bronzeado e têm ação antienvelhecimento e fotoprotetora!

MOLHO DE TOMATE RÁPIDO

Lista de compras

- 2 colheres (sopa) de azeite extravirgem
- 1 dente de alho inteiro
- 1 colher (chá) de tempero mágico ou páprica doce
- 1 vidro de passata de tomate
- 200 mL de água ou caldo de legumes (receita no capítulo "Dia da organização")
- 3 folhas de alho-poró inteiro
- 3 talos de manjericão com cabinho
- Sal
- 1 colher (sopa) de açúcar demerara
- ½ colher (café) de bicarbonato de sódio
- Escolha uma massa para comer com o molho

Como fazer

1. Em uma panela, aqueça o azeite com o alho por 1 minuto.

2. Acrescente o tempero mágico ou a páprica, a passata, a água ou o caldo, o alho-poró e o manjericão. Mexa, adicione o sal e o açúcar ou bicarbonato para acertar a acidez.

3. Cozinhe em fogo baixo por 30 minutos, mexendo de vez em quando. Desligue e descarte o manjericão, o alho e o alho-poró. Use o molho em massas, lasanhas, panquecas, pratos com camarão, risotos e abobrinha assada. Conserve na geladeira por até 5 dias ou congele por até 3 meses.

BOLO DE IOGURTE

Lista de compras

- 4 ovos
- 170 g de iogurte natural
- 1 colher (chá) de extrato de baunilha
- 1 xícara de óleo
- 2 xícaras de açúcar
- 2 xícaras de farinha de trigo
- 1 colher (sopa) de fermento em pó
- 1 colher (sobremesa) de manteiga para untar a fôrma
- 1 colher (sopa) de açúcar para polvilhar a fôrma
- 1 colher (chá) de canela em pó para polvilhar a fôrma (use 2 fôrmas redondas baixas ou um tabuleiro)

Como fazer

1. Bata tudo no liquidificador, menos a farinha e o fermento, que devem ser apenas misturados e acrescentados depois.
2. Unte as fôrmas com manteiga e polvilhe açúcar e canela, coloque a massa e asse até dourar, a 160 °C. Retire do forno e deixe esfriar.
3. Corte em quadrados e congele.
4. Retire aos poucos para consumir. O bolo pode também ser congelado inteiro e serve de base para tortas, como de morango: basta colocar um recheio de geleia e morangos e decorar com chantili. Se preferir, você pode usar iogurte pronto, de supermercado, mas nesse caso o bolo não cresce tanto.

GELEIA DE MELANCIA E DEDO-DE-MOÇA

> **Você pode usar esta geleia como recheio do bolo de iogurte.**
>
> **Sirva gelada para acompanhar peixes ou queijos.**

Lista de compras

- ¼ de melancia (1 kg)
- 0,5 g de ágar-ágar ou você pode apenas deixar mais tempo no fogo para que o doce engrosse
- Suco de ½ laranja (20 mL)
- Suco de ½ limão (15 mL)
- 1 pimenta dedo-de-moça pequena sem sementes
- 1 maçã verde ou vermelha ralada fina, sem casca e sem caroço
- 100 g de açúcar branco ou demerara

Como fazer

1. Retire a casca verde da melancia.
2. Corte a melancia em pedaços grandes, incluindo as partes branca, vermelha e os caroços. Leve ao fogo baixo em uma panela de pressão por 50 minutos (não coloque nenhum líquido nesse momento). Conte o tempo desde o início, não é necessário esperar a pressão começar.
3. Retire a melancia da panela de pressão e coloque em uma panela não muito alta, com 100 mL do caldo do cozimento, o ágar-ágar, os sucos de laranja e limão coados, a pimenta dedo-de-moça cortada ao meio, a maçã ralada finamente e o açúcar. O restante do caldo do cozimento pode ser resfriado e usado como suco.
4. Com a panela destampada e o fogo baixo, deixe o líquido reduzir até obter consistência de doce. O tempo vai variar de 30 minutos a 1 hora. Se não quiser que o doce fique muito apimentado, retire a pimenta após 20 minutos. Se desejar mais apimentado, coloque a pimenta picadinha com as sementes.

Dia da raiva

Estamos com medo de falar com você. Vamos fazer assim: peça um delivery de comfort food ou, então, vamos de ovo cozido e mantemos nossa amizade.

OVO COZIDO

Lista de compras

- 2 ovos

Como fazer

1. Coloque os ovos em uma panela pequena, cubra com água e leve ao fogo. Quando começar a ferver, conte 8 minutos.
2. Retire e passe em água gelada para parar o cozimento e ser mais fácil descascar.
3. Seque e descasque. Rezamos para você ter um pesto guardado na geladeira.

Para não correr o risco de ficar com mais raiva, teste seu ovo antes de cozinhar! Lave os ovos e coloque em uma bacia com água. Se eles boiarem, estão estragados. Se ficarem em pé no fundo da bacia, não estão muito frescos, mas podem ser consumidos. Se ficarem deitados no fundo, estão frescos.

A Editora Senac Rio publica livros nas áreas de Beleza e Estética, Ciências Humanas, Comunicação e Artes, Desenvolvimento Social, Design e Arquitetura, Educação, Gastronomia e Enologia, Gestão e Negócios, Informática, Meio Ambiente, Moda, Saúde, Turismo e Hotelaria.

Visite o site www.rj.senac.br/editora, escolha os títulos de sua preferência e boa leitura.

Fique atento aos nossos próximos lançamentos!

À venda nas melhores livrarias do país.

Editora Senac Rio
Tel.: (21) 2018-9020 Ramal: 8516 (Comercial)
comercial.editora@rj.senac.br
Fale conosco: faleconosco@rj.senac.br

Este livro foi composto nas tipografias Tarzana-Narrow e Chelsea Market Watercolor e impresso pela Imos Gráfica e Editora Ltda., em papel *couché matte* 115 g/m², para a Editora Senac Rio, em novembro de 2022.